「最前線の映画」を読む Vol.3

それでも映画は「格差」を描く

町山智浩
Machiyama Tomohiro

インターナショナル新書 084

目次

はじめに

主人公が目覚めると、四角い部屋にいます。

部屋にはトイレと水飲み場以外に何もありません。まるで監獄のようですが、部屋の真ん中の床には四角い穴が開いています。

穴の縁《ふち》から下をのぞき込むと、同じような部屋がはるか下のほうまで続いています。上を見上げると、やはり同じような部屋がずっと上のほうに続いています。

すると上の階から四角いテーブルのような台（プラットフォーム）がエレベーターのように降りてきて、部屋の真ん中の穴にはまります。その台には豪華な料理が山盛りです。ただ、すでに上の階の住人たちによってかなり食い荒らされています。

主人公はその料理をあわてて食べますが、数分すると、その台は下の階に下がっていきます。

上の階に上がれば上がるほど、食べられる量は増え、下に下がれば下がるほど食べ物の量は減り、台が最下層に行く頃には何も残っていません。だから飢え死にしてしまいます。

それがスペイン映画『プラットフォーム』（2019年）の設定ですが、いったい何を意味しているのでしょう。

現代の格差社会です。

グローバル世界の中で、今、起きていること

ここ数年、世界各国で、経済格差を描く映画が増えています。本書はそこに反映された現実、込められたテーマを体系的に横断的に論じていきます。

たとえば、カンヌ映画祭の最高賞パルム・ドールの受賞作品をご覧ください。

16年はイギリスのケン・ローチ監督『わたしは、ダニエル・ブレイク』、17年はスウェーデンのリューベン・オストルンド監督『ザ・スクエア　思いやりの聖域』、18年は日本の是枝《これえだ》裕《ひろ》和《かず》監督『万引き家族』、19年は韓国のポン・ジュノ監督『パラサイト　半地下の家族』（以下、『パラサイト』）でした。『パラサイト』は翌年のアカデミー作品賞も受賞しています。さらにその翌年のアカデミー作品賞は中国系アメリカ人のクロエ・ジャオ監督『ノマドランド』でした。

どれも、経済格差と貧困をテーマにしています。

「『パラサイト』を作っている時に『万引き家族』のストーリーを知って、類似点が多いので驚きました」

『パラサイト』のポン・ジュノ監督は、筆者とのインタビューでそう言っています。

「私は是枝監督とは友人ですが、別に示し合わせたわけではありません。私たち映画作家が、それぞれの国の現実から、映画で描くべきテーマを選んだら、そうなっただけです」

ポン・ジュノ監督は、他にもジョーダン・ピール監督の『アス』(19年)や、イ・チャンドン監督の『バーニング 劇場版』(18年)が、『パラサイト』や『万引き家族』とテーマが重なっていると言いました。

「我々はみんなひとつのグローバルな経済のなかに生きているからです」

「自己責任」という名の弱肉強食

80年代以降、アメリカ、英国、日本、韓国などの国で経済格差が広がり続けています。

それは偶然ではありません。これらの国の政府はいわゆる「新自由主義」的経済政策をとったのです。具体的には、富裕層の所得税率や大企業の法人税率を大幅に下げました。株や不動産取引の規制を緩和し、資本家たちのマネーゲームを活性化させました。雇用の規制も緩和し、解雇をしやすくし、非正規雇用を増やし、企業の人件費を軽減しました。これで企業の利益も株価も不動産価格も上昇し、豊かな者はもっと豊かになりました。

だが、それ以外の人たちはどうなったでしょう? 税率が下がった分、福祉や公共事業は削減され、富の再分配は抑《おさ》えられました。リストラが増え、非正規雇用が増えて、雇用は不安定になり、昇給や昇進も少なくなりました。不動産価格だけが上がって給料が追い付かなくなりました。貧しい者はもっと貧しくなったのです。

では、どうしたらいいのでしょう？ 貧しい人々に手を差し伸べ、手を取り合って、こんな格差社会を倒すために戦う？ ところが、そうはなりませんでした。

日本では「自己責任」という言葉が福祉を切り捨てていきます。政権党の政治家が、生活保護受給者を「さもしい」と堂々と蔑《さげす》みます。人気YouTuberが「ホームレスの命より猫が大事」と笑い、実際にホームレスの女性が理由もなく殺される事態になっています。

映画『プラットフォーム』で、下層階の人々は食べ物を独《ひと》り占《じ》めしようとし、他の者を蹴散らし、他の者を殺して、その肉を食おうとすらします。弱肉強食の世界で、人はわずかな思いやりも失っていきます。

「貧しさゆえの犯罪」をどう考えるか

日本でもたった148円の余裕もなくなっています。

「お金は持っていないけど、食いたかた」。

22日午後11時ごろ、男は佐賀市内のコンビニに陳列されたクッキーを手に取り、店員にこう言った。店員は「待ってください」と呼び掛けたが、男はクッキーを手にしたまま店外へ。男性店員が取り押さえた。

佐賀南署がクッキー1個（販売価格148円相当）を盗んだとして、盗みの疑いで逮捕した無職の男（65）。酒を飲んでいたが所持金はなく、身元を証明する運転免許証なども持っていなかった。

男は「おなかがすいていたので万引した。我慢できなかった」と話しているという。住所も分からず、逃走の恐れがあると判断せざるを得なかったが、南署幹部は「クッキー1個で逮捕しなければならないなんて……」と複雑な思いをのぞかせた。

（佐賀新聞　21年6月23日）

この記事を読んだ筆者は、こうツイートしました。

「148円で警察の手を煩《わずら》わせるのは税金のムダ」

「自分なら捕まえて事情を聞いた後で放免して、自分の財布から148円レジに入れておしまい」

すると、怒濤《どとう》のような批判が浴びせられました。

「たとえ148円でも犯罪を見過ごすのか」
「酒を飲んでいたんだから金はあった」
「万引き被害でつぶれる店もあるんだぞ」
「なら、日本の万引き被害を全部補償しろ」

『自転車泥棒』の親子はなぜ放免されたのか

この人たちはヴィットリオ・デ・シーカ監督の名作『自転車泥棒』(48年)を観たらどう思うのでしょうか。

『自転車泥棒』は、第2次世界大戦でドイツと日本と同盟を組んで負けたイタリアの首都ローマが舞台。街には失業者があふれ、主人公アントニオも妻と子どもを抱えて職を求めています。職業安定所が彼に紹介した仕事は映画のポスター貼り。ただし自転車を持っていることが条件だと言われます。でも、アントニオの自転車は質に入っているのです。妻はベッドのシーツをはがして、それを質に入れて自転車を出してくれます。

意気揚々と仕事に出かけるアントニオですが、なんとポスターを貼っている間に自転車を盗まれてしまいます。

翌日、アントニオは8歳くらいの息子ブルーノを連れて自転車を捜します。朝から晩までローマ中を駆け回りますが、自転車は見つかりません。ボロボロに疲れ果てたアントニオはつい、止めてある自転車を盗んでしまいます。

ところがその場で見つかって、アントニオは群衆に囲まれ、小突かれ、つるし上げられます。

「警察に突き出せ！」

泣きながら息子ブルーノが駆け寄ります。

「パパ！」

自転車を盗られた人はブルーノを見て、アントニオを放免します。

いたわり合いながら去ってゆくアントニオとブルーノ父子の後姿を見て、世界中の人々が涙を流しました。でも、今の日本では、「どんな事情があろうと泥棒は泥棒だ。許すな！」と言われそうです。

『万引き家族』への批判

実際、『万引き家族』がカンヌ映画祭でパルム・ドールを受賞した時も、多くの人々が怒りました。こんな風に。

犯罪を肯定して、そこで繰り広げられる人間ドラマ。

キャストは間違いなく素晴らしく申し分はない。

しかし窃盗やら詐欺などを行って食い繋《つな》ぐ家族を描いた苦悩と人間ドラマを映画にするってておかしくないですか!? アカデミー賞とかいって、日本の恥を世界へ配信してるとしか思えない。

犯罪を通して描かれる人間ドラマで感動したとか言う人達が世の中に溢れたら、世も末だね。

この映画の本質は犯罪。


（映画.comの匿名ユーザーのレビューより）


……いつから映画は犯罪を描いちゃいけなくなったんでしょうかね?

「この映画は諸外国に誤ったメッセージを発信しているようなもの。日本はそんな悪い国ではありません」とツイートした地方議員もいました。「『正論』路線を踏襲する真正保守」を自任するその議員は、「批判するからには実際に映画を観たのか?」と問われて、「映画ビジネスに名を残す目的で作品を手がけるような監督の映画など、観たくもありません」と、『万引き家族』を観ていないことを認めました。

また、是枝監督がインタビューで「犯罪は社会の貧困が生むという建前が後退し、自己責任という本音が世界を覆う」（是枝監督HP、kore-eda.com、18年6月5日）など、現在の日本を念頭に批判をしたこともあって、「国辱」「反日」「左翼」などのレッテルを貼られもしました。

『万引き家族』に対するバッシングは、映画評論家である筆者にも飛び火しました。ラジオで『万引き家族』を「最貧困層の労働者たちが万引きや年金詐欺でなんとか生き延びている」と表現したところ、ＳＮＳで批判が殺到しました。


「いくら貧乏でも犯罪は許されない」

「ちゃんと働けばいい。食えないのは自己責任」

「子どもに万引きを手伝わせるなんて」

「彼らは盗みをしなければ食えないほど貧乏ではない。なぜなら酒を飲んでいる」

「カップラーメンを食べている。本当の最貧困ならカップラーメンは食べない」

「海水浴に行っている」

「パチンコをしている」


……どうやら、貧しい人は酒も博打《ばくち》もせず、清く正しく餓死寸前じゃないと許されないようです。

『パラサイト』で、地下に住む家族と半地下に住む家族が足の引っ張り合いをする姿を笑えない世の中になってきています。

チャップリンもまた石を投げられた

喜劇王チャーリー・チャップリンの名作『キッド』（1921年）が今、公開されたら、何と言われるでしょう。

チャップリンはボロボロの服を着て、スラム街の屋根裏でなんとか暮らしている失業者。道端に捨てられた赤ん坊を拾って育て始めます。その男の子が5歳になると、ふたりで商売を始める。男の子が石を投げて民家の窓ガラスを割ります。家の人が出てくると、そこにチャップリンがガラスを背負って通りかかります。こんにちは、通りがかりのガラス屋ですが、お困りのようですね……。

「これは詐欺ではないか」「子どもを犯罪に加担させるなんて」

そんな批判が浴びせられるに違いありません。

ただ、実はチャップリンも当時から批判されていました。

「わざわざお金を取って貧乏を見せるなんて」

「映画はきらびやかな夢を描くものだ」

「貧しい人々を救おうなんて左翼じゃないか」

そしてついにチャップリンは「アカ」のレッテルを貼られてアメリカを追放されてしまったのです。

弱者と子どもへの共感

現実を描かれるのを嫌がる人々はいつもどこの国にもいるのです。デ・シーカもケン・ローチもポン・ジュノもそれぞれの国で「左翼」「国辱」と攻撃されました。

彼らはみんな、チャップリンを継ぐ者たちかもしれません。

『キッド』に影響されてデ・シーカは『自転車泥棒』を作りました。アントニオとブルーノが路上に並んで座るシーンは『キッド』へのオマージュです。そして、『自転車泥棒』に影響されてケン・ローチやダルデンヌ兄弟は映画を撮り始めました。是枝監督もまた『キッド』やケン・ローチに影響されて映画を撮っています。

本書でこれらの映画を論じていくうちに、いつの間にかチャップリンの血をたどる作業になっていました。

弱者への共感以外に、これらの映画を貫《つらぬ》くものがもうひとつあります。

子どもです。

『ジョーカー』も含めて、本書で扱った映画はどれも貧しさの中に生まれてしまった子どもたちの物語です。貧しさを選んで生まれてくる子どもはいません。子どもには何の責任もありません。貧しい子どもの存在は、自己責任論に対する最も根源的な反論です。

『プラットフォーム』の主人公は、格差のなかで足を引っ張りあうのではなく、この格差社会そのものを変えなければならないと気づき、人々を目覚めさせるため、プラットフォームに乗って階層のどん底へと降りて行きます。

そして、プラットフォームが最底辺にたどり着いた時、再び上昇しようとするプラットフォームにひとりの子どもを乗せて送り出します。それは未来へのメッセージです。本書で取り上げた映画のすべてがそうであるように。

【お断わり】本書中に出てくる映画の台詞《せりふ》、文学作品などの翻訳はすべて著者自身によるものです。そのため、DVDやBDで販売、あるいはネット配信されている映画の字幕や吹き替えと異なる場合がありますがご了承ください。

また、本書中で引用した各映画作品の著作権表示は巻末に一括して掲載しています。

＃1 『パラサイト 半地下の家族』
——したたり落ちる《トリクルダウン》のは雨だけ

2019年　韓国作品
監督：ポン・ジュノ
主演：ソン・ガンホ

「政治的な質問は避けてください」
『パラサイト　半地下の家族』（2019、以下『パラサイト』）で韓国映画初のアカデミー賞4部門に輝いたポン・ジュノ監督にハリウッドでインタビューした際、パブリシストからそう言われた。
無理な注文をするものだ。ポン・ジュノは映画を撮り始めた頃から一貫して、政治や社会、経済と人の心の闇を切り離せないものとして描いてきた。それが『パラサイト』に結実するまでをたどっていこう。

『白色人』

ポン・ジュノは1969年生まれ。母方の祖父朴《パク》泰遠《テウオン》は日本にも留学していた作家で、朝鮮戦争時に北朝鮮に渡った（短編集が平凡社から出版されている）。娘であるポン・ジュノの母だけが南に残ったが、ずっと政治的な迫害を受けたという。

88年、ソウルオリンピックの年にポン・ジュノは延世《ヨンセ》大学に入学した。延世大は軍事政権に対する民主化運動の拠点で、87年にはデモに参加した学生が機動隊の催涙ガス弾の直撃で死亡している。『グエムル　漢江《ハンガン》の怪物』（06年、以下『グエムル』）の次男はポン・ジュノと同じ世代で元学生運動家という設定だった。

大学卒業後、ポン・ジュノはプロの映画スタッフを養成する国立映画アカデミーに進学し、94年、25歳の時に18分の短編『白色人《ベクセクイン》』を作った。

白いビジネスシャツにネクタイを締めた男性（キム・レハ）。出勤前らしい。高層アパートの窓から外の景色を見下ろし、満足そうに微笑《ほほえ》み、タバコを吸う。窓辺の金魚鉢に手をのばすと金魚をつかみだし、金魚の口にタバコの灰を落とす。そればかりか、火のついたタバコを金魚に押し付けようとする。

ロング・ショットに切り替わり、手元は見えない。次のカットでは金魚は無事に水に戻されて泳いでいるが、平凡なビジネスマンの一瞬のサディズムにゾッとさせられる。

彼は、車で出勤する際、アパートの駐車場で、切断された人間の指が落ちているのを見つける。主人公はその指を拾って、警察に通報したりもせず、革のケースに入れてそのまま会社に行く。仕事が終わり、自宅に帰った主人公は、ビールを飲みながら、切断された指に指輪をはめたり、その指でギターを弾いて遊んだりして、テレビを観ながらうとうとする。

サンドンネ

つけっぱなしのテレビではニュースが始まり、主人公が住むアパートの駐車場が映っている。そこに住む工場経営者を労働者が襲って重傷を負わせたというのだ。加害者は工場で作業中に機械で指を切断されたが、経営者が労災による補償を拒《こば》んだので怒りをかったらしい。

駐車場に落ちていた指は、どうもその労働者のものらしいが、『白色人』の主人公は熟睡して、ニュースを観ていない。

翌朝、彼は出勤時、首輪をつけたままはぐれた誰かの飼い犬に、切断された指を食わせる。「白色人」とはホワイトカラーという意味である。彼はブルーカラーの置かれた状況に関心を示さない。

彼が住む高層アパートは丘のてっぺんにあり、その下には小さなあばら家がびっしりと斜面に貼り付くように立ち並んでいる。これは「サンドンネ」と呼ばれる、貧困層が無許可で建てた住宅である。指をなくした労働者もおそらく、そこに住んでいたのだろう。

主人公は会社の帰り、丘の下で車が故障してしまう。車を降りた彼は歩いてサンドンネの路地を歩いて上り、細くて長い坂道を、汗をかきながら、丘の上のアパートを目指す。しかし、やっと到着した頂上は自分が住むアパートとは違う丘の上だった。まるで、この貧しい街では、いくら働いても豊かな生活にはたどり着けないかのように。

『白色人』のエンドクレジットには、サンドンネの貧しい子どもたちが無邪気に遊ぶ姿が挿入されている。サンドンネは90年代にほとんど取り壊され、そこに住んでいた人々はさらに劣悪な環境に住む羽目になった。使われなくなった農業用のビニールハウスや、『パラサイト』に登場するアパートの半地下である。

知識人たちの『支離滅裂』

同じ94年、ポン・ジュノは短編コメディ『支離滅裂』で高く評価された。これもやはり社会の階級の上位にいる人々の自己中心ぶりを描いている。

『支離滅裂』は、31分の作品で、3つのコント的なエピソードとエピローグの4部構成になっている。

1本目の主人公は大学教授。大学の教授の部屋で、アメリカのエロ雑誌『ペントハウス』を読んでいる。

授業が始まるが、途中である教材を部屋に忘れたので、女子の学生に取ってきてくれと頼む。彼女が行った後、ハッと教授は思い出す。『ペントハウス』を机の上に置きっぱなしだったことを。教授、猛然とダッシュして、女子学生を追い抜いて部屋に先回りしようとする。このようなチェイスは、ポン・ジュノ作品にかならず出てくる要素になる。

女子大生は先に部屋のドアを開けるが、教授は本を投げて机の上の『ペントハウス』を隠し、「いや、そこにゴキブリが……」と言い訳する。

2本目の主人公も中年男性で、ジャージを着て、早朝に高級住宅街をジョギングしている。立派な家の玄関に牛乳が置いてあるのを見る。かつて韓国にも日本にも牛乳配達があって、家の前に牛乳を置いていた。コミュニティの道徳心を信じていた時代だったとも言える。でも、その中年男性は、他人の家の牛乳を勝手に飲み始める。

そこに新聞配達員（ポン・ジュノ）が通り掛かる。実在の新聞『朝鮮日報』の配達員だ。「朝鮮日報の配達をしてるのか！」と、その中年男性は喜んで、「ご苦労さん！」と、他人の家の牛乳を新聞配達員にふるまって走り去っていく。残された配達員がそこに立って牛乳を飲んでいると、門が開いて、その家の家人が出てくる。

「これ、私のうちの牛乳よ！　なに勝手に飲んでるのよ！」

「え？　あの、おたくのご主人が飲んでいいって」

「それ、うちの主人じゃないわよ！　もうあんたのとこの新聞取らないわ！」

だまされた！　と思った配達員は牛乳泥棒を追いかけて、住宅地でのチェイスになる。

道徳を説く偽善者たち

3本目の主人公も社会的地位のある男性（『白色人』でサラリーマンを演じたキム・レハ）。料亭で接待を受けた帰り。かなり酔っていて、タクシーに乗ろうとするとなかなか捕まらない。しかたなくバスに乗ると急に便意を催して、バスを降りて公衆トイレを探すが見つからない。そこで、どこかのマンションの軒下でズボンを下ろし、しゃがんで排便しようとする。

そこを管理人に見つかって叱られ、「管理人室にトイレがあるからそれを使え」と言われる。叱られたことでプライドが傷ついた彼は苛立《いらだ》ちながら地下の管理人室に行く。彼はトイレに入らず、管理人室で湯気を吹き出している炊飯器を見る。そこで何をしたかは観客の想像に任される。

そしてエピローグ。テレビで若者の道徳心について討論会が行なわれている。出席者は、あのエロ大学教授、牛乳泥棒（彼は『朝鮮日報』の編集委員だった）、それにウンコ男（検事だった）。彼らは口々に最近の韓国のモラルの低下を嘆く。ポン・ジュノはテレビの討論会で社会的地位の高い人々が偉そうに道徳を語っているのを見て、ムカッとして、この話を思いついたという。タイトルの「支離滅裂」は「矛盾している」「筋が通ってない」という意味。

ちなみに『朝鮮日報』はひじょうに右翼的な新聞で、軍事政権時代はパク・チョンヒやチョン・ドゥファンの独裁を支持し、民主化後も保守的論調を続けている。

ポン・ジュノの初期作品『支離滅裂』のエピローグ・シーン。

ほえる犬は噛まない

その後、ポン・ジュノはプロの映画監督になれるまで6年間苦労した。その間、97年に韓国ではバブル経済が崩壊し、IMF（国際通貨基金）が介入。中小企業を見捨て、大企業を豊かにする経済政策が実施され、経済格差が急激に進んでいった。ポン・ジュノも、確たる収入もないまま、結婚し、長男が生まれ、経済的、精神的に追い詰められていったらしい。

「最も個人的なことこそ、最もクリエイティヴだ」

アカデミー授賞式でポン・ジュノはそう語ったが、2000年の長編デビュー作『ほえる犬は噛《か》まない』は、当時の彼のフラストレーションをそのまま反映した、きわめて個人的な映画で、その後のポン・ジュノ作品のエッセンスが詰まっている。

舞台は団地。実際にポン・ジュノが住んでいた団地で撮影した。ユンジュ（イ・ソンジェ）という30代の学者が住んでいて、大学の教授を目指しているが、それには学部長に賄賂《わいろ》を贈らないとならない。学部長から死ぬほど酒を飲まされるハラスメントにも耐えなければならない。それは、プロデューサーや先輩への接待が重要視される韓国映画界を象徴しているという。

もちろんユンジュに賄賂の金はない。生活は事務員として働く妻の給料に頼っているが、その妻が妊娠してしまった。

『ほえる犬は噛まない』の原題は『フランダースの犬』。劇中でユンジュがカラオケで、日本のテレビアニメ『フランダースの犬』（75年）の主題歌を歌う。ユンジュは『フランダースの犬』の主人公、画家を目指す貧しい少年ネロに自分を重ねている。だが、ネロのように犬を可愛がるわけではない。妻に稼ぎの少なさを責められ、言い返せない彼は、団地に飼われている犬をさらって、憂さ晴らしに殺している。

下へ下へと続く階層社会

弱い者が自分よりも弱い者を叩く、この階層構造には、さらに下、つまり地下がある。

ユンジュが殺したり捕まえたりした犬を、この団地の警備員が地下室で補身湯《ポシンタン》（犬鍋）にして食っている。さらにその警備員の犬鍋を盗み食いするのが、地下に住み着いているホームレスの男性（『白色人』でサラリーマン役だったキム・レハ）。

下には下がある。動物間の食物連鎖にも似た、この階層構造こそがポン・ジュノの世界観だ。『グエムル』では、主人公の貧乏一家よりさらに悲惨なホームレスの兄弟が出てくる。『スノーピアサー』（13年）では、この階層社会が水平方向になり、列車になる。

そして『パラサイト』では、IT系の実業家が住む山の手の豪邸に、半地下に住む貧乏一家が「寄生《パラサイト》」すると、その豪邸の地下の地下に、富裕層の残り物を食べて生き続ける男を発見する。

雨

地下と並んで、雨もまたポン・ジュノ作品の重要なモチーフである。

『ほえる犬は噛まない』のクレジット・タイトルでは雨が降っている。雨の中を、黄色いレインコートをかぶった少女が歩いてくる。彼女は行方不明になった飼い犬を探している。団地の管理事務所で涙ながらに訴える。「このワンちゃんはわたしのすべてなの」と。

その犬はユンジュによってさらわれた。彼の憂鬱は、雨のように社会の階級を下へ下へとしたたり落ちていって、最も弱い少女を苦しめる。

雨は、ポン・ジュノの作品でいつも残酷だ。

『殺人の追憶』(03年)では、雨の日になると女性が殺される。『グエムル』では、事業に失敗した社長が漢江に身を投げようとする時、また、祖父が殺される時に雨が降っている。『母なる証明』(09年)では、息子が殺人犯とされた母親が弁護士や警察に訴えるが、相手にされなかった時に土砂降りになる。そして『パラサイト』では、豪雨が洪水となって、主人公たちの住む半地下の家に流れ込み、その家さえ奪ってしまう。

新自由主義経済はトリクルダウン理論《したたり落ちる》を唱える。大企業や富裕層に対して減税することで、企業が払う給料を増やしたり、金持ちが消費することで、貧しい人々にも金がしたたり落ちてくるというのだ。『パラサイト』の地下の地下の住人が金持ちのおこぼれで暮らすように。だから彼は金持ちを「リスペクト」する。

でも、実際は山の手の豪邸からトリクルダウンしてくるのはせいぜい雨水だけだ。社会の矛盾や怒りはどんどん下へ下へと流れ落ちて、最も貧しく弱い人々に降り注ぐ。

因果応報のない世界

この絶望的な世界観に逆らう少女がいる。『ほえる犬は噛まない』の団地の管理事務所で経理を働くヒョンナム(ペ・ドゥナ)は、黄色いレインコートの少女の訴えを聞いて、彼女の犬を救うことが自分の冴えない人生からの脱出口だとひらめき、黄色いパーカーを着て、犬探しを始める。

だが、ヒョンナムを助けるのは犯人であるユンジュだし、ヒョンナムが最後に犯人として対決するのは、罪もないホームレスの男。彼を捕まえても、ヒョンナムの手柄はニュースで報じられず、仕事もクビになる。ホームレスの男は無実を主張しない。刑務所に行ければ1日3食かならず食べられるからだ。

ユンジュは結局、権力に屈して教授に賄賂を贈る。その罪悪感から、電車の中で物乞《ものご》いをしている貧しい親子に施しをする。犬殺しとはいえ、けっして悪人ではない。なにしろポン・ジュノの自画像だから。

勧善懲悪も、因果応報もない。それがまたポン・ジュノの世界だ。

大学教授になったユンジュは、教室の窓から太陽の光り輝く森を眺めている。その窓が真っ黒なカーテンで隠されると、ユンジュは切ない表情を浮かべる。汚れなき世界から隔絶されてしまったような。

その森にヒョンナムは入っていく。汚れた世界に背を向けて。このイメージは『スノーピアサー』『オクジャ』（17年）でも繰り返される。

ポン・ジュノ快進撃

2003年、ポン・ジュノはCJエンタテインメントの出資で『殺人の追憶』を監督する。CJエンタテインメントの副会長マイキー・リーは、サムスンの創業社長の孫娘で、スティーヴン・スピルバーグが立ち上げた映画会社ドリームワークスにサムスンが出資した際にスピルバーグから映画ビジネスを学び、それを韓国映画で実践しようとした。スピルバーグが彼女に教えたのは、映画作家を何よりも尊重すること。以後、ポン・ジュノはCJエンタテインメントの下で自由に映画を作っていく。

『殺人の追憶』は86年から5年間に10人の女性が強姦殺害された「華城《ファソン》連続殺人事件」の映画化。軍事政権下で強権的な捜査に慣れきった田舎の刑事パク・トゥマン（ソン・ガンホ）は、雑な捜査と拷問で知的障害者を犯人にでっち上げようとする。これに対して抗議するのは、ソウルから来たソ・デユン刑事（キム・サンギョン）。彼は、冷静に証拠に基づいた論理的な推理で犯人を突き止めようとする。

ソ刑事は状況証拠から、ヒョンギュという青年を犯人と断定して逮捕するが、決定的な証拠をつかめないので釈放するしかなく、その直後にさらに殺人の犠牲者が出る。怒り狂ったソ刑事はヒョンギュを拷問して自白を迫る。DNA鑑定でヒョンギュがシロと知ったソ刑事は拳銃で彼を殺そうとする。

迷宮入りのまま映画は終わるが、『パラサイト』が公開された19年、華城連続殺人事件の犯人と、別の事件の犯人のDNAが一致し、最初の殺人から33年ぶりに真犯人が判明した。

続く『グエムル』は製作費12億円を投じた怪獣映画。怪物が生まれた原因として、実際にあった米軍による薬品廃棄事件を基《もと》にしたので、当時のイ・ミョンバク政権からポン・ジュノは「要注意人物」としてブラックリストに載せられた。

主人公はソン・ガンホ扮するダメ親父。貧乏でうだつがあがらない家族が、怪物に誘拐された娘を救うために力を合わせて戦う。この貧乏一家は『パラサイト』のキム一家の原型だ。

『母なる証明』は『殺人の追憶』の裏返しで、殺人事件の犯人にでっち上げられた知的障害者の母親（キム・ヘジャ）が、息子（ウォンビン）の無実を証明しようとして駆け回る。しかしポン・ジュノは母の愛を何よりも恐ろしいものとして描く。『殺人の追憶』と同様、悲惨な殺人現場で刑事がバカバカしい雑談をしたり、場違いなギャグをはさんでくるのがポン・ジュノらしい。

「金」というインフルエンザ

注目したいのは、ポン・ジュノが04年に撮った『インフルエンザ』という短編だ。『インフルエンザ』は、「これはソウル各所の監視カメラの記録を警察の協力で集めたものである」という意味の字幕で始まる。もちろんそれは嘘で、これは監視カメラの映像のように撮られた偽《フェイク》ドキュメンタリーである。

「2000年」という日付とともに漢江にかかる大橋を監視カメラで捉えた映像。橋の上にたたずむ小さな人影に「ジョ・ヒョクレ　無職」とキャプションが入る。

次に「2001年、彼は一生懸命働いた」という字幕。地下鉄のトイレで、ヒョクレは瞬間接着剤のセールストークの練習をしている。次に地下鉄のホーム。ヒョクレは地下鉄の車内で接着剤の販売をしようとして係員に取り押さえられる。

「2002年、彼は飢えた」。ヒョクレは道端にしゃがみ、ゴミを漁って、それを食べている。そこにたまたま通りかかった人が、懐に入っていたナイフを落とす。ヒョクレはそれを拾って、落とし主に返す。しかし、そのナイフは彼のスイッチを押したらしい。

「2003年、最初の行動」。銀行のATMの監視カメラ。ヒョクレは中年女性が下ろしたばかりの現金をふんだくる。

「2004年、常習になる」ヒョクレはATMでお年寄りから現金を奪う。その際、女性の共犯者がいる。ふたりがマンションの地下駐車場で強奪する映像は強烈だ。ヒョクレが鉄パイプのようなもので、荷物を運んでいた男性を滅多《めった》打ちにするのが感情のない監視カメラで冷酷に記録される。

次にヒョクレたちは、おそらく強盗をするつもりで銀行に入るのだが、突然、支店長たちに囲まれる。

「おめでとうございます！　あなたは当店の1万人目のお客様です！」

ここで笑わせておいて、ポン・ジュノは最後に再び不快な映像で締めくくる。ガラスで囲まれて、通行人から丸見えのATMで、ヒョクレたちはまた強盗をする。ガラス越しに子どもたちが見ている眼の前で、ヒョクレは被害者の頭に巨大な中華包丁を何度も叩きつける。

『インフルエンザ』というタイトルは、金というウイルスによって感染する暴力を意味している。ヒョクレを殺意に目覚めさせたナイフは、『パラサイト』で凶器となる水石《すいせき》の原型だ。

『スノーピアサー』――走る格差社会

2013年、ポン・ジュノはCJエンタテインメントがハリウッド・スターを集めた製作費41億円のSF大作『スノーピアサー』を手がけた。

寒冷化でほとんどの生物が滅んだ未来、わずかに生き残った人類は、地球を回り続ける列車スノーピアサー号に乗っている。内部には自給自足のエコシステムがあり、列車は最前部の車両に支配者層が、最後尾には貧困層が乗っている。最後尾の乗客たちは反乱を起こし、戦いながら車内を前へ前へと進んでいく。わかりやすい階級闘争のメタファーだ。

最後に、その反乱すら最初から支配者の予定していたもので、スノーピアサーという社会を維持するためのガス抜きだったと判明する。資本主義がある限り、貧富の差は消えない。永久機関で走り続けるスノーピアサーは終わりなき資本主義そのものだ。外の世界では寒さのため、生物は生きられない。社会主義という実験が失敗した今では、資本主義というスノーピアサーから降りることはできない。

続く『オクジャ』もネットフリックス出資によるハリウッド・スターを使った大作。オクジャは遺伝子操作で作られた巨大な食用豚スーパーピッグで、オクジャを育てた韓国の少女ミジャ（アン・ソヒョン）が、それを救おうと活躍する。『ほえる犬は噛まない』のペ・ドゥナが食べられそうになる犬を救おうとしたように。

これも食物連鎖の最底辺に置かれた者が逃げ出そうとする話だが、ラストでオクジャ1匹がたとえ逃げてもシステムそのものはびくともしない。

そして19年、ポン・ジュノは『パラサイト　半地下の家族』を発表する。

「王様トイレ」を使う人々

『パラサイト』は、『スノーピアサー』がメタファーとして描いた格差社会を、ソウルの、韓国の格差社会のリアルな現実として映画に取り込んでいる。

「王様トイレ」は半地下の家の象徴だ。

何の予備知識もない人は、住人よりもトイレの便器のほうが高い位置にあるのを見て、映画をコメディにするために誇張して作られた設定だと思うだろうが、これは現実だ。

地下室のないビルに後から半地下を増設した場合、本来1階の床下にあった下水管の高さより深く掘り下げるから、便器は床より高い場所に取り付けるしかない。時にはその高さは1メートル以上になり、住民を見下ろしているので、「王様トイレ」と呼ばれる。

キム家のように半地下に住む人が、ソウルでは約23万世帯、69万人もいる。それはソウル市民の6％にあたる。

「半地下」はもともと、北朝鮮の攻撃に備えた防空壕だった。68年、北朝鮮の武装ゲリラが、ソウルの青《せい》瓦《が》台《だい》にある大統領府を襲撃してパク・チョンヒ大統領を暗殺しようとした事件がきっかけになって、ソウルの住宅には地下シェルターが義務付けられた。最初は物置として使われていたが、70年代から、住居用に改造して賃貸されるようになった。

その理由は、ソウルに人口が集中して、安いアパートが不足したこと。半地下の家賃はソウル市の普通のアパートの半額で、そこに住む世帯の平均年収も、ソウル市民の平均の約半分という。

しかし、1日中薄暗く、風通しも悪く、湿気がひどく、ゴキブリも多い。だからキム一家は路上に撒《ま》かれた殺虫剤を部屋に取り入れようとする。

それにカビ臭い。その臭いは住人の服や体に染《し》み込んで取れない。

水石はなぜ「象徴的」なのか

「象徴的だ……」

『パラサイト　半地下の家族』で、半地下に住むキム家の長男ギウ（チェ・ウシク）は、友人からもらった水石に魅入《みい》られて、そう言う。

でも、キム家はホームレスや地下室に住んでいるのではなく、あくまで「半」地下の住人だ。その部屋には天井近くに小さな窓があり、毎日、夕方にほんの少しだけ陽の光が差し込む。わずかな希望のように。

水石を見たギウはその希望に向かって行動し始める。水石は幽玄《ゆうげん》な山のミニチュアにも似た置物で、「幸福や富」を得ることができる「おまじない」だと説明される。そのときギウは、この貧しさから脱け出す行動に出ようと決意する。

ギウは、「計画」を練る。丘の上の豪邸に住むパク家に長女ダヘ（チョン・ジソ）の家庭教師として入り込み、彼女の婿になって、この半地下から脱け出すのだ。

これは学生時代のポン・ジュノ監督自身が家庭教師として富豪の邸宅に通った経験に基づいているが、筆者はスタンダールの『赤と黒』を思い出した。

舞台は1830年代フランス。ナポレオンが敗れ、王政が復古し、再び貴族制度が蘇り、身分に関係なく才能次第で出世ができたフランス革命の夢が去った時代。主人公ジュリアン・ソレルは頭脳明晰《めいせき》で才気あふれる若者だったが、貧しさゆえに人生の可能性は閉ざされていた。だが、町長の子どもの家庭教師として雇われ、町長夫人と不倫関係になる。それがバレて解雇されると、今度はパリの侯爵令嬢の家庭教師に雇われ、彼女に愛され、妊娠させ、結婚しようとする。困った侯爵はジュリアンを貴族ということにして婿に迎えようとする。そうすれば本当に貴族になれる……。

だが、ギウを目覚めさせた水石は今の韓国では廃《すた》れた文化だ。頑張れば「幸福や富」が摑《つか》めた時代の。

キム家の父親ギテクを演じるソン・ガンホは67年生まれ。ポン・ジュノは69年生まれ。65年から90年代まで30年以上続いた、「漢江の奇跡」と呼ばれる高度経済成長とともに生きてきた世代だ。

戦後、韓国は世界の最貧国のひとつだった。しかし、60年には158・21ドルしかなかった国民1人あたりのGDPが、96年にはなんと83倍になった。真面目に働けば「幸福や富」は確実に摑める、そう信じて、韓国の人々は人生設計をした。

しかし、そんな日々は泡のごとく、はじけた。

砕け散ったコリアン・ドリーム

97年、アジア通貨危機をきっかけに韓国では株式市場が崩壊し、デフォルトの危機に瀕した。韓国はIMFの資金援助を受けたが、支援の条件は韓国経済の構造改革だった。具体的には融資や補助の引き締め、大規模なリストラ、非正規雇用の拡大など。これで中小企業は潰れ、失業者があふれ、正社員は減った。サムスンやヒュンダイなど、ハイテク系の輸出産業に富が集中し、株価は上昇し、豊かな者はさらに豊かに、貧しい者はさらに貧しくなっていった。

現在、韓国では上位1割の富裕層の所得が、国民全体の所得の5割を超える。富裕層の多くがIT、金融など、高い教育を必要とする職業だが、受験競争は激化して、一流大学に入れるのは塾や家庭教師に金を注ぎ込める豊かな家庭の子どもだけになった。労働人口の36%、つまり3人にひとりになる非正規労働者の子どもが受験競争を勝ち抜くことはきわめてむずかしい。格差は固定されてしまった。

キム家の父ギテクは、分岐点である97年には30歳くらいだった。ITにも金融にも縁がないギテクのような人々が、この格差社会をよじ登るには一攫千金《いっかくせんきん》を狙うしかなかった。リストラされた早期退職者たちは韓国風フライドチキン、台湾風カステラなどにチャンスを賭けて借金して店を出して、過当競争で共倒れし、借金だけが残った。そんな挫折を経験してきたギテクは、水石を見ても、息子のように「幸福と富」の幻想をそこに見ない。

それればかりか、ギテクは息子から「計画は?」と聞かれてこう答える。

「何も計画しないのが最高の計画だ」

計画を立てても、夢を見ても、どうせ失敗する。だったら最初から夢など見ないほうがいい。

これが「漢江の奇跡」を成し遂げた国の人から出る言葉だと思うと切なすぎる。

あきらめの中の「リスペクト」

キム家の長女ギジョン(パク・ソダム)も兄ギウの「計画」に協力するが、その表情は冷めている。すべてをあきらめたようなニヒルな表情でタバコをふかす。

2000年代の格差社会を生きる韓国の若者たちは「三放世代」と呼ばれるようになった。貧しさゆえに恋愛と結婚と出産の3つをあきらめた世代という意味だ。その次は、正規雇用と家を持つことをあきらめて「五放世代」。さらに、友人関係、それに夢をあきらめた「七放世代」まで悪化した。

さて、長男ギウは計画通り、妹ギジョン、父ギテク、母チュンスク（チャン・ヘジン）をパク家に密《ひそ》かに寄生させるが、パク家の地下のさらに地下に住む男、グンセ（パク・ミョンフン）を発見する。ポン・ジュノお得意の「最底辺のさらに下」だ。

グンセは、パク家の家政婦ムングァン（イ・ジョンウン）の夫で、彼女によって地下にかくまわれていた。グンセもギテクと同じく台湾風カステラの店を始めたが失敗して借金を抱えた者のひとり。だが、彼らに貧しい者同士の連帯感などまるでない。階級の階段を上ろうとするキム家の足をグンセは引っ張ろうとする。パク家の残飯で暮らすグンセはパク家を神のように「リスペクト」しているからだ。

水爆弾

グンセはトリクルダウンの象徴のようだ。金持ちが豊かになれば、彼らが贅沢に消費するこ

窮地に陥ったキム一家に、容赦なく雨は降る。

とで、下々の者にトリクルダウンする――新自由主義経済を信奉する者たちはそう語っていた。だが、実際は貧しい者に降りてくるのは、最低賃金の仕事ばかりだった。

そして、大雨が降る。高台の高級住宅地に降り注いだ雨は滝のように、下町に落ちていく。したたり落ちてくるのは金ではなく雨水だけだ。

すでに書いたように、ポン・ジュノの映画では、雨が運命を変える。『ほえる犬は噛まない』でヒョンナムは雨の日に黄色いレインコートの少女と出会う。『殺人の追憶』の連続殺人鬼が人を殺すのは雨の日だけだ。『グエムル』では雨の中で祖父が怪物に殺される。『母なる証明』で、殺人容疑者の母親は、雨の中で息子を救うために一線を越える。

ポン・ジュノはクリスチャンである。聖書における雨は神の裁きを意味する。神は人類への罰として雨を降らせてノア一族以外のすべてを滅ぼした。だが、『パラサイト』の雨は貧しい人々の生活を破壊する。

これはソウルで起こり続けている現実である。

日本と同じく韓国でも近年、地球温暖化によって異常な豪雨被害が頻発しており、特にソウルでは「水爆弾」と呼ばれる水害が増えている。アスファルトのため浸透しない雨水が山の手から下町に流れ込み、下水道とポンプが処理しきれない量の水が、低所得者の住宅を水没させる。10年と11年には1時間に100ミリを超える豪雨で、1万人以上の住宅が浸水した。もちろん、高台の豪邸には何の被害も出ていない。

浸水した部屋の中で、重いはずの水石がなぜか水中から浮かび上がってくる。神話の中で、剣や斧が湖から浮かび上がるように。ギウはそれを厳かな表情で摑み上げる。水石は凶器として、キム家を暴力へと導いていく。

暴走列車を脱線させろ!

前半のコメディタッチから、クライマックスの突然のバイオレンスは多くの観客を戸惑《とまど》わせた。それは『インフルエンザ』でも描かれていたことだが。

ギテクがパク社長(イ・ソンギュン)を刺し殺すシーンは唐突すぎるという意見もある。だが、よく見ればそれは必然なのだ。

下町の人々が洪水で苦しんだ翌朝、丘の上のパク家では何事《なにごと》もなかったように息子のためのお誕生会のガーデン・パーティを開こうとしている。パク夫人（チョ・ヨジョン）とともに、そのための買い物に行くキム父の顔にはもう愛想笑いはない。

チュンスクに階段から蹴り落とされたムングァンは死亡し、妻を殺されたグンセはギウの頭を水石で叩き割り、パーティに乱入してギジョンを刺殺。そのグンセをチュンスクがバーベキューの串で串刺しに。最下層家族の殺し合いを呆然と見つめるギテク。

グンセはパク社長を見て「リスペクト！」と敬意を表するが、パク社長はグンセからただよう地下室の臭いに鼻をつまむ。それを見たギテクは気づく。あいつも俺と同じだったんだ。殺すべき相手は違ったんだ。そしてナイフを摑むとパク社長の胸に突き立てた。

「なぜ、こんな惨劇が起こってしまうのか？　それを問いかけたかったんです」

ポン・ジュノ監督は筆者とのインタビューで言った。

「金持ち一家も、貧乏一家も別に悪人ではない。本当の悪はこの映画の中にはいないんです」

それは映画の外、つまり現実にある。ポン・ジュノいわく「グローバルな資本主義というシステム」だ。

その永遠のサイクルからスノーピアサーは脱線する。

列車から脱出した子どもたちは、外の世界にシロクマが生息しているのを見る。なんだ、このシステムの外でも生きられるじゃないか。

『パラサイト　半地下の家族』で生き残った長男ギウは、システムのなかで新しい計画を立てる。真面目に勉強して成功して豊かになってあの豪邸を買って、その地下で暮らしている父を救い出すのだと。もちろん、それは虚《むな》しい夢にしか聞こえない。

誰もスノーピアサーを止めようとしない。

#2 『ジョーカー』

――最も恐ろしきハッピーエンド

2019年 米国・カナダ合作
監督：トッド・フィリップス
主演：ホアキン・フェニックス
ロバート・デニーロ他

ジョーカーがトランプで最強のカードなのは何にでもなるからだ。そして、ジョーカーがバットマンにとって最強の敵なのは、何も持たないからだ。

ジョーカーには人並み外れた能力は何もない。しかし、弱みもない。自分の命すら惜しいと思っていない。守るべきものがない者は最強で最凶だ。

そのジョーカーが何もかも失って、最強になるまでを描いたのが、トッド・フィリップス監督、ホアキン・フェニックス主演の『ジョーカー』（2019年）だ。

笑ふ男

「ジョーカーがジョーカーになった経緯はコミックスが描かれるたびに違っている。だから自分で自由に創造できると思った」[*1]

トッド・フィリップスは言う。映画でも毎回違う。『ダークナイト』（08年。クリストファー・

ノーラン監督）のジョーカー（ヒース・レジャー）は口が裂けた理由を3回語るが3回とも違う。「ただ、いくつかのコミックスから少しずつ要素を取り込んだ」。フィリップスは言う。「アラン・ムーアの『キリング・ジョーク』（88年）からは『売れないコメディアン』という過去を引用した。また、バットマンのクリエイター（ボブ・ケインとビル・フィンガー）がジョーカーのヒントにしたサイレント映画『笑ふ男』（1928年）は、物語の基本になった[*2]」

『笑ふ男』の原作は『レ・ミゼラブル』のヴィクトル・ユーゴーの小説。1680年代の英国が舞台で、政治的謀略で処刑された貴族の遺児グインプレーンが、幼い頃、人買いに売られ、見世物にするために口を裂かれて、いつも笑っているような顔にされてしまう。成長したグインプレーンを演じる俳優コンラード・ファイトに特殊メイクを施したのは、後に『フランケンシュタイン』（31年）を手がけるジャック・ピアース。歯をむき出して口角を吊《つ》り上げた「笑ふ男」は、その目だけがいつも悲しげだ。

70年代、荒れ果てたニューヨーク

『笑ふ男』の舞台となる17世紀のロンドンは残酷な格差社会として描かれる。王侯貴族たちは栄華《えいが》を謳歌《おうか》し、贅沢を楽しむいっぽうで、道端には貧しい人々があふれ、少女は身をひさぎ、少年は餓死する。

原作コミックのジョーカーに影響を与えたサイレント映画『笑ふ男』。

それを『ジョーカー』は、80年代初めに置き換えた。タイトル前に、真っ赤な背景に「W」の文字が出る。そのワーナー・ブラザースのロゴは、72年から10年間ほど使われていた、ソウル・バスがデザインしたモダンなロゴマークだ。

舞台となるゴッサムシティも70年頃のニューヨークに見える。廃墟とハードコア・ポルノの映画館と、落書きとホームレスとジャンキーだらけ。道路を走る自動車はみんな70年代のアメ車。街じゅうゴミであふれているが、それは81年に実際にニューヨークのゴミ収集労働者のストライキが2週間以上続いて、100トンものゴミが路上に積み上げられた事実を基にしている。

「僕は70年代後半の映画に強い影響を受け

た」[*3]

70年生まれのトッド・フィリップスは『ジョーカー』がオマージュを捧げた70年代映画のタイトルを挙げる。『タクシー・ドライバー』（76年）『狼たちの午後』（75年）『セルピコ』（73年）……どれもゴミ溜めのようなニューヨークの街で孤独な男が怒りに身悶《みもだ》える映画ばかりだ。「どれもキャラクター・スタディ（人間の内面の掘り下げ）だった。そういう映画は今はすっかりなくなってしまったけれど」[*3]

恐れ知らずの非コメディ

『ジョーカー』の主人公、アーサーはパーティ・クラウン（子どものお誕生パーティなどに雇われるピエロ）として日銭を稼ぎながら、スタンダップ・コメディアンを目指している。

『ジョーカー』はコメディアンについての映画だが、コメディではない。これまでトッド・フィリップスは狂騒的なコメディばかり作ってきたのに。特に『ハングオーバー！ 消えた花ムコと史上最悪の二日酔い』（09年）は全世界で5億ドル近く稼ぎ出すメガヒットになり、続編も2本作られた。

「このご時世、コメディを作るのはむずかしくなってきた」[*4]。フィリップスは愚痴《ぐち》る。『ハングオーバー！』シリーズはラスベガスで独身最後のパーティをした男たちがドラッグで意識を失っている間に……という話で、セックス、ドラッグ、バイオレンスなど、きわどいネタをギャグにしたことで、良識派の批判を呼んだ（たとえばキリンを荷台に乗せて高速道路を走って、陸橋にひっかけて殺してしまう）。

「コメディアンたちは『やってられないよ』と言ってる。笑わせようとすれば誰かを怒らせてしまう。でも、3000万もの人々とツイッターで議論するのは大変だ。だから『降りた』と言うしかない。コメディからね[*4]」

その代わりにフィリップスはコメディの大事な要素だけ抽出した。

「すべてのコメディに共通することって何だと思う？ 恐れ知らずってことさ。で、僕は考えた。コメディじゃなくて、恐れ知らずなものを作ろうと[*4]」

ティアーズ・オブ・クラウン

コメディアン志願のアーサーは深夜のトークショーの司会者マレー・フランクリン（ロバート・デニーロ）に憧れる。アメリカのNBCとCBSテレビでは毎晩、コメディアンがその日のニュースをジョークで振り返る。この番組を持つことはコメディアンの頂点だ。

デニーロは『キング・オブ・コメディ』（83年）でトークショーの司会者に憧れて彼を誘拐するコメディアン志願の男を演じている。アーサーは『タクシー・ドライバー』のデニーロが日記をつけ続けているように、ジョークのネタ帳をつけ続けている。

「デニーロにシナリオを送ったらすぐにオマージュを理解して、出演をOKしてくれたよ」。フィリップスは言う。

だが、コメディアンはアーサーにとって、かなわぬ夢だった。笑うべきでない時に笑いがとまらなくなる病気なのだ。これはPBA（情動調節障害、Pseudobulbar Affect）という実在の障害。前頭葉と小脳や脳幹の接続の不良が原因で、脳に強い衝撃を受けた場合に起こる。

しかし、それ以前にアーサーは基本的にユーモアのセンスがズレていた。誰かがジョークを言っても、何がおかしいのかわからないで、周囲が笑っているのを見て、ちょっと遅れて笑うマネをする。

ドレッサーの前で自らピエロのメイクをしながら、アーサーは指で口の両端を上げて無理に笑いを作る。その目には涙があふれ、目の周りのメイクを溶かして流れる。

道化師の涙（ティアーズ・オブ・クラウン）。

救いのない毎日、アーサーは打ちひしがれ、踏みにじられて家路につく。彼が住む安アパートの前には、長い階段がある。彼の苦難の人生を象徴するように立ちはだかる階段を、アーサーは足取り重く上っていく。

アパートの郵便受けを見ても、手紙は1通もない。毎日、毎日、誰からも手紙は来ない。

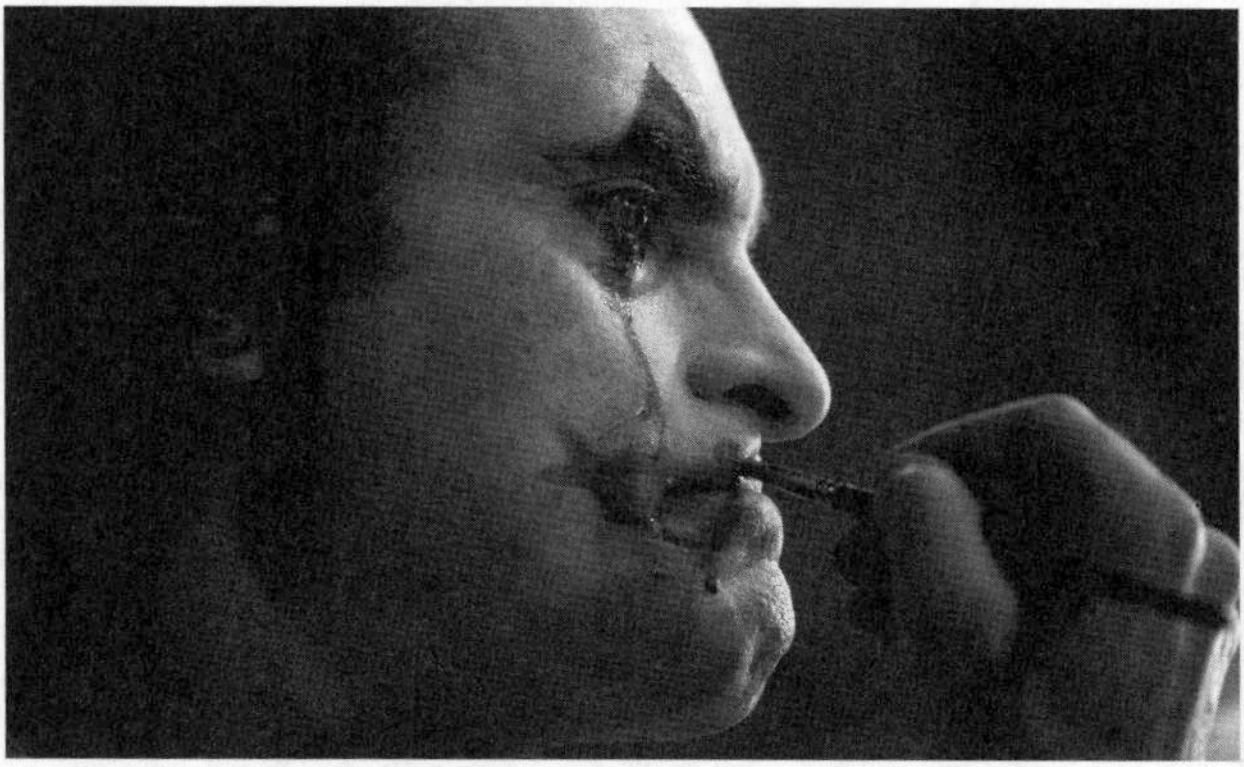

道化師の涙はメイクだが、ジョーカーの涙は本物。

ロンリー・チャップリン

アーサーがコメディアンを目指したのは母のためだった。

「あなたはみんなに笑いと喜びを与えるために生まれてきたのよ」

母はいつもそう言って、アーサーを「ハッピー」と呼んだ。

彼は貧困のどん底で、年老いて認知症が進んだ母と暮らしている。毎日母の介護に追われ、40歳近いのに恋人も友達もいない。でも、「いつも微笑みを忘れずに」生きている。それが母の口癖だから。

史上最も偉大なコメディアン、チャーリー・チャップリンも貧困のなかで育ち、彼の母親は精神を病んで死んでいった。白塗りメイクでピエロのドタ靴を履《は》くアーサーはチャップリンに重ねられている。

「微笑みなさい、心が痛くても」

聴こえてくるのは「スマイル」という歌。それは映画『モダン・タイムス』(36年)のためにチャップリンが作った曲だ。

『ジョーカー』で、ゴッサムシティの金持ちが『モダン・タイムス』を観て笑う。

『モダン・タイムス』は、ベルトコンベアーによる流れ作業が導入されて、チャップリンは機械のように働かされるうちに精神を病んでしまう。そう、まったく笑い事じゃない貧困層の悲劇をチャップリンはコメディとして描いた。

「人生はクロースアップで撮れば悲劇だ。だが、それをロングショットで撮ればコメディになる」

チャップリンはそう言った。バナナの皮で滑って転ぶ人を遠くから見れば笑ってしまうが、腰を打ったその人の歪《ゆが》む顔を近くで見れば苦痛と屈辱が見る者の心にも浸《し》みる。つまりクロースアップはそのキャラクターの内面に観客を引きずり込む。

『ジョーカー』はクロースアップで撮った『モダン・タイムス』だ。

拳銃とダンス

アーサーは路上で不良少年たちに面白半分に袋叩きにされる。ピエロ仲間のランダルはアーサーに護身用の38口径拳銃を与える。この銃が人生を通して踏みにじられてきたアーサーを変えていく。自室で銃を握ってみたアーサーは踊ってみたくなる。

「アーサー、ダンスがうまいのね」と自分に話しかける。

拳銃を握るアーサーは、『タクシー・ドライバー』で拳銃を手に入れたロバート・デニーロがそうだったように、上半身裸でいるときが多い。拳銃は使われないペニスの象徴だ。

ホアキン・フェニックスはアーサーの役づくりのために過酷な減量をして、骨と皮のようにやせ細っている。特に肩甲骨が角《つの》のように尖《とが》って突き出して、奇怪なオブジェのようだ。

アーサーは小児がん患者の慰問中に拳銃を落としてしまい、クビになる。拳銃を持たせたランダルは知らんぷりをする。

傷心のアーサーは、家に帰る地下鉄で泥酔した男たちに殴られ、蹴られ、思わず拳銃で皆殺しにしてしまう。これは『狼よさらば』(74年)でチャールズ・ブロンソンがチンピラを射殺するシーンを基にしている。84年、『狼よさらば』をマネて拳銃を持って地下鉄に乗り、黒人少年を射殺した男は有罪になっている。

地下鉄から逃げたアーサーは公衆便所に逃げ込み、ゆっくりと体を動かし、また踊り始める。背《そ》を反らし、優雅に手足を伸ばすアーサー。初めて何かから解放されたように見える。アーサーは踊るたびに少しずつジョーカーへと目覚めていく。

その勢いで、アーサーは同じアパートに住むシングルマザー、ソフィー（ザジー・ビーツ）の部屋を訪れる。彼女はアーサーを見て微笑んでくれた唯一の存在だ。アーサーはいきなりソフィーの唇を奪う。それを受け入れるソフィー。アーサーにも幸福が訪れるのか……。

キル・ザ・リッチ

アーサーが殺したのはリッチな証券マン、現代の貴族たちだった。彼らを殺した謎のピエロは、富裕層への怒りのシンボルに祭り上げられていく。ゴッサムシティでは貧困層を見捨てる政策が進み、福祉がカットされ、アーサーの向精神薬も補助されなくなる。

そんな富裕層の頂点に立つのがコングロマリットの総帥、トーマス・ウェイン。殺された証券マンもウェイン・グループの投資部門の社員だった。

テレビで市長選出馬を表明したウェインを観て、アーサーの母は「この人なら私たちを救ってくれる」と言う。ビジネスの成功者なら政治もできると考える人々がトランプを大統領に選んだ。

アーサーは母がウェインに金を無心する手紙を読み、自分がウェインの落《お》とし胤《だね》だと知り、その家を訪れる。このへんの展開は、『笑ふ男』で見世物にされたグインプレーンが貴族の子だったとわかる展開を基にしている。グインプレーンは上流階級に迎えられるが、その豊かな生活を捨てて、盲目の恋人との貧しくても幸福な人生を選ぶ。だが、アーサーにそんなハッピーエンドは待っていない。

人生は喜劇

直接トーマス・ウェインに会ったアーサーは「お前の母親は狂ってる。お前は俺の息子なんかじゃない」と言われて殴られる。

アーカム精神病院で母の記録を見たアーサーは真実を知る。母は自己愛性人格障害で、アーサー自身は孤児で、彼女の養子になり、養母と継父によって虐待され、脳に障害を負ったのだと。

アーサーをこんな境遇にし、障害を負わせたのは母だった。

信じていた母に裏切られたジョーカーは唯一の心の拠《よ》り所であるソフィーの部屋に行く。

「あなた、ここで何してるの?」

ソフィーは怪物を見たように怯《おび》える。アーサーは思い出す。ソフィーとの記憶はすべて妄想だったことを。このへんは『黄金狂時代』(1925年)で、チャップリンが想いを寄せる女性と楽しいパーティを過ごすと、実は全部夢だったとわかるシーンに似ている。

「自分の人生は悲劇だとずっと思っていた。でも気づいた。本当はたちの悪い喜劇だったんだ」

アーサーは母を絞め殺し、何もかも失って、ついにジョーカーとして覚醒する。

脱皮

アーサーはあこがれの『マレー・ショー』に招待される。マレーは、アーサーがコメディ・クラブに出演して無残にすべった時のビデオを放送した。

「子どもの頃、コメディアンになりたいと言ったら笑われた。でも今は誰も笑わない」

アーサーが言うとコメディ・クラブの客は静まりかえっている。

マレーは皮肉でアーサーを「ジョーカー」と呼ぶ。そして、アーサーをスタジオに呼んで、生放送で笑いものにしようとする。

このへんは『キング・オブ・コメディ』に『ネットワーク』(76年)が混じっている。『ネットワーク』では、テレビのニュースキャスターが心を病んで番組で公開自殺をしようとして話題になり、テレビ局はそのキャスターをメインに据えて視聴率を稼ごうとする。

アーサーは髪を緑に染めてジョーカーへと変身する。茶色のサナギが色鮮やかな蝶に脱皮するように。

あんなに上るのがつらかった階段を、ジョーカーは軽やかに華やかに踊りながら下りていく。

ジョーカーが階段を下りるダンスはブロードウェイのダンサー、ロイ・ボルガーを真似している。

ブロードウェイの舞台のように。流れる音楽はゲイリー・グリッターのヒット曲「ロックンロール」（72年）。

この曲の使用は批判を浴びた。グリッターは15年、数々の少女と性的関係を持っていた事実が判明して、懲役16年の刑を受けたからだ。これをあえて選曲するあたりトッド・フィリップスの「怖いもの知らず」ぶりなのだろう。

アーサーはスポットライトを浴びながら自殺しようとしていた。彼はネタ帳に「I just hope my death makes more cents than my life」と書いていた。Make cents（金を稼ぐ）とMake sense（意味がある）のシャレで、「僕は生きるよりも死んだ方が金を稼げる」と「僕は生きるより死んだ方が意味がある」のダブルミーニングだ。

楽屋で彼は38口径を自分のあごの下にあてる。

容疑者、ホアキン・フェニックス

マレー・ショーの生本番で、マレーとアーサーはぎくしゃくと嚙み合わないトークを始める。

アメリカ人はこれに既視感がある。09年、ホアキン・フェニックスは突然俳優業を引退してラッパーになると宣言した。この『マレー・ショー』のモデルである深夜のトーク・ショーに出演して、司会のデヴィッド・レターマンに何を聞かれても「わからない」としか答えず、嚙んでいたガムを司会者の机に貼り付け、しばらくしてそれを剝《は》がしてまた嚙み続けるなどの奇行を繰り返し、もはや放送事故だった。

ホアキンはドラッグ中毒か？ 精神に異常をきたしているのか？

さらに彼はラッパーとしてステージに上がり、さんざんなパフォーマンスで失笑を買った。何から何までアーサーそっくりだ。

その後、ホアキンの引退宣言や奇行は全部ジョークだったと判明する。騒ぐ世間や心配する知人たちを撮影し、つまりいわゆる「どっきり」として、ドキュメンタリー映画『容疑者、ホアキン・フェニックス』（10年）にまとめたのだ。

しかし、誰も笑わなかった。番組を滅茶苦茶にされたデヴィッド・レターマンは怒って「賠償金を請求したい」とまで言った。ホアキンが1年間も仕事を断わってしかけたジョークはまったくの空振りに終わった。

——と、思われた。しかし、今、考えると、あれはこの『ジョーカー』のためのリハーサルだったのだろう。

教えてやるよ!

本番でマレーの隣に座ったアーサーは「ウォール街の奴らを3人殺した」と言って笑う。ざわめく観客。

「みんな、なんで、あんな奴らのことで騒ぐんだ? 僕が道端に倒れてた時は無視して通り過ぎたくせに。すれ違っても気づきもしなかったくせに。誰も、他人の身になって考えない。トーマス・ウェインみたいな金持ちが僕みたいな人間の身になって考えたことがあると思うか?」

「自己憐憫《じこれんびん》がすぎるな」マレーが眉をひそめる。「世の中、誰もがクズってわけじゃない」

「あんたはクズだよ、マレー。僕のビデオをテレビでさらし、僕を生放送で笑いものにしようとした」

「君は自分のしたことがわかってるのか？　暴動を扇動したんだぞ」

すでに街にはピエロの扮装をした暴徒があふれて破壊を始めている。

「知ってるよ。もうひとつジョークはどうだい？　社会に見捨てられた精神的障害のある孤独な男をゴミみたいに扱うとどうなると思う？　教えてやるよ！」

アーサーは38口径でマレーの額を撃ちぬいた。

全身ハードコア

「『ジョーカー』は突きつめれば、今まで僕が撮ってきた映画と同じだと思う[*5]」

トッド・フィリップス監督は言う。

大ヒットした『ハングオーバー！』シリーズで笑いを生み出すのは、突拍子《とっぴょうし》もないことをやらかすアラン（ザック・ガリフィアナキス）だが、彼は中年をすぎて定職もなく、世間からは相手にされない孤独な男だ（金持ちの子息だが）。また、もうひとりのギャグメイカーで、やることなすこと破壊的なギャング、レスリー（ケン・チョン）が、カラオケでナイン・インチ・ネイルズの自傷ソング「ハート（Hurt）」を切々と歌うシーンにも狂気と孤独があった。

その原点は、トッド・フィリップスの自主製作映画作品『全身ハードコア　GGアリン』（93年）だろう。GGアリンというパンク・ロッカーのドキュメンタリーで、アリンは全裸で殺人やナチやレイプを歌いながらガラスの破片で自分の体を切り刻む。

しかし、客はアリンの人並みはずれて小さなペニスを笑う。アリンは客に糞便をかけるが、逆に客に殴り返され、惨《みじ》めに負けてしまう。その姿はおかしくも哀れだ。トッド・フィリップスにおいて、怒りと悲しみと狂気と孤独と恐怖と笑いはつねに表裏一体なのだ。

ジョーカー誕生

「皆さん、おやすみなさい。そして忘れずに。That's life. これが人生さ！」

アーサーはマレーがいつも番組の最後に言っていた決まり文句を言う。だが、その途中で放送は中断され、テストパターンになる。カメラが引くとテレビ局のモニター室らしく、他のモニターには他のチャンネルが映っている。それは、『ネットワーク』で、視聴率が悪くなったキャスターを射殺して番組が終わるラストシーンへのオマージュだ。

アーサーは逮捕され、警察のパトカーに乗せられて街を行く。クリームの68年の名曲「ホワイト・ルーム」が流れる。黒いカーテンで閉ざされ、けっして陽の光が届かない白い部屋で孤独に何かを待ち続けている、という歌詞。それは昨日までのアーサーだった。

だが、今日、『マレー・ショー』の惨劇が暴動に油を注ぎ、暴徒は路上を埋め尽くし、破壊の限りを尽くしている。それをパトカーの車窓から眺めるアーサーの表情は晴れ晴れとしている。『ダークナイト』で警察署から脱出して、走るパトカーの窓から身を乗り出して夜風に髪をなびかせるジョーカー（ヒース・レジャー）のようだ。

パトカーがクラッシュし、引きずり出されたアーサーはゆっくりと立ち上がり、指で血を口の両端に塗って、笑顔を作る。ピエロ姿の暴徒たちがアーサーに喝采を送る。カオスのカリスマ、ジョーカーがついに誕生した。

この時、観客はゾッとすると同時に高揚感をおぼえる。ここまで念入りにアーサーという孤独な男に観客を一体化させたからだ。

だから『ジョーカー』は危険な映画である。アメリカでは『ジョーカー』公開時に、映画に扇動されて何らかの暴力事件が起こるのではないかと警察が警戒態勢を取ったほどだ。

これが人生さ

白い壁の部屋、ホワイト・ルームで、アーサーが笑う。

「何がおかしいの？」

対面にいる医師は、前半で出てきたアーサーのカウンセラー。ここはゴッサムシティのアーカム精神病院。

「ジョークを考えてたんだ」

現実のアーカム精神病院の壁は白だった!

「言ってみて」

「言ってもわからないよ」

……?

するといままでの物語は全部、アーサーの頭の中で展開していたのか？　そういえば、物語の中に登場するアーカム精神病院の壁はこんなに白くなくて、黄色いタイルだった。カウンセラーはもっと貧乏くさくて暗かった。この物語すべてがジョーカーの作り話だったのか？

アーサーは白い壁に囲まれた廊下をひとりで歩いている。その靴の裏には血がべったり。医師を殺して脱走するということなのか？　職員たちが必死にアーサーを追いかける。サイレント喜劇のような動きで。フランク・シナトラの「ザッツ・ライフ」（66年）が勝利の凱歌《がいか》のように高鳴る。

これが人生さ
滑稽に見えるかい
蹴られて　夢を踏みにじられて
でも、俺はくじけない
この世は回るんだから
俺は操《あやつ》り人形だった
スカンピンで　海賊で　詩人で
捨て駒で、王様だった

上がったり　下がったり
終わったり　落ちたりしてきたけど
ひとつわかったのは
いつだって自分を見つければ
無様《ぶざま》に倒れても
自分を取り戻して
レースに復帰できるんだ

ジョーカーは自分を見つけた。これは恐ろしきハッピーエンドだ。

＊1　Empire Magazine　19年8月7日 Interviewed by Ben Travis.
＊2　IGN (Imagine Games Network)　19年10月8日 Interviewed by Jim Vejvoda.
＊3　Collider　19年9月16日 Interviewed by Steve Weintraub.
＊4　IndieWire　19年10月1日 Interviewed by Kate Erbland.
＊5　IndieWire　19年4月3日 Writtend by Eric Kohn.

#3 『ノマドランド』
――映画が与えた「永遠の命」とは

2020年　ドイツ・米国合作
監督：クロエ・ジャオ
主演：フランシス・マクドーマンド

When in eternal lines to time thou grow'st;
永遠の詩にうたわれて君は生きていく

エンパイア――ネバダ州の砂漠のなかにある実在の街から映画『ノマドランド』（2020年）は始まる。この街にはアメリカの住宅の壁に使われる石膏《せっこう》ボードの工場があり、その従業員だけが住み、一時は人口700人を越えた。だが、08年、サブプライムローン崩壊で住宅バブルが弾けたため、住宅建設が減り、工場が閉鎖された。エンパイアから人々は去り、11年、ついには郵便番号が消えた。48年から続いたエンパイアという街自体が消滅したのだ。

響きと怒り

『ノマドランド』の主人公ファーン（フランシス・マクドーマンド）は、30年以上前に夫とともにエンパイアに住み始め、夫が亡くなった後も住み続けたが、電気もガスも水道も止まったので、価値がゼロになった家を捨てるしかなくなった。
63歳のファーンには家も金も何もなかった。人生とは何だったのか。彼女が非常勤教師だった時に子どもたちに教えたシェイクスピアの『マクベス』の台詞《せりふ》が蘇る。

明日、また明日、また明日
日々は少しずつ忍び寄る
時の最後の瞬間に向かって
過ぎ去りし日々は愚か者どもを照らす
すべてが塵になるへの道を
消えろ、消えろ、つかの間の灯《ともしび》など！
人生とは歩き回る影、あわれな役者にすぎない
舞台の上でしばし抗《あらが》っても、いらだっても、
誰も聞く者はいない
それは愚か者の語る物語
響きと怒りばかりで

ワーキャンパーが自らを演じる

ファーンは、たったひとつの財産であるオンボロのキャンピングカーに寝泊まりしながら、日雇いの仕事を求めてアメリカの荒野をさまようノマド（流浪の民）となった。

『ノマドランド』の原作『ノマド／漂流する高齢労働者たち』（17年。春秋社、鈴木素子訳）は、ジェシカ・ブルーダーによるルポルタージュ。ワーキャンパー（ワーク＋キャンパー）と呼ばれる車上生活者たちに聞き取りを重ねていく。この本に登場するノマドたち本人が、映画には本人役で登場する。

たとえばリンダ・メイさん。ファーンがアマゾンの倉庫で出会ったピッキング（商品を棚から取って箱詰めする作業）の先輩。

彼女は原作の主役といっていい。取材当時64歳。クリスマス前はプレゼントやバーゲンで大忙しのアマゾン倉庫で働き、夏のリゾート・シーズンは国立公園のキャンプ場の管理人、秋は大畑で収穫を手伝う。彼女は原作者ジェシカ・ブルーダーに様々なサバイバル・スキルを授けたが、それが映画ではファーン相手に再現される。

リンダ・メイさんに誘われて、ファーンはノマドたちの年に1度の全国集会「ラバー・トランプ・ランデブー」に参加する。そこでノマドたちの導師《ヨギ》と慕《した》われるボブ・ウェルズさんを知る。

ボブはノマドたちの生活の知恵をネットで共有し、コミュニティを作った。サンタか仙人のような風貌でノマドの哲学を語る。

彼らは俳優ではなく演技もしない。ただ自分自身として、自分のことを語っているだけ。これは『ノマドランド』のクロエ・ジャオ監督独特の演出方法。これまで監督した長編3本とも同じ方法で撮られている。

プレイリーのドキュドラマ

1本目は『Songs My Brothers Taught Me（兄が教えてくれた歌）』（15年。日本未公開）、次に『ザ・ライダー』（17年）、それに『ノマドランド』で「プレイリー3部作」と、ジャオ監督は呼んでいる。

プレイリーとはアメリカの西部の大平原だが、この3部作にはどれも同じ場所が登場する。サウスダコタ州のバッドランズ国立公園で、縞模様《しまもよう》の奇怪な岩山が並んでいる。しかし、なぜ北京《ペキン》生まれのクロエ・ジャオ監督がバッドランズにこだわって映画を撮り続け始めたのか。

クロエ・ジャオはロンドンに留学して政治経済を学んだ後、アメリカの大学に移り、バッドランズの近くにあるパインリッジの先住民居留地を研究対象にした。そこに暮らすラコタ・スー族は、1876年に米国陸軍のカスター将軍率いる第7騎兵隊を撃滅した、勇敢で誇り高い部族だ。

だが、現在の彼らは貧しい。ここ5年くらいのデータでは、貧困率は57・35%。年収の中間値は2600ドル。失業率なんと89%。高校中退率70%。平均寿命66歳。10代の自殺率が全米平均の1・5倍。3割の家に電気が通っていない。

その現状を目の当たりにしてショックを受けたクロエ・ジャオは、その後、NYU(ニューヨーク大学)で映画作りを学び、長編第1作を撮るにあたって、パインリッジの物語にしようと考えた。

最初は普通の劇映画としてシナリオを書いた。だが、まったく無名の監督の自主映画で、プロの俳優を雇う費用はない。そこで、彼女が考えたのは実際にそこに住んでいる人たちに演じさせること。もちろん彼らは演技の素人なので台詞は覚えられないし、「役」になりきることはできない。だから、彼らには彼ら自身の役をあて、状況だけ決めて、自分の気持ちを自分の言葉で話させて、それをまとめて、ひとつの物語を作っていく、ドキュメンタリーとドラマの中間、ドキュドラマにすることにした。

先住民が先住民を「演じる」

『兄が教えてくれた歌』の主人公ジョニーは先住民のラコタ・スー族の少年で、妹のジャショーンとふたりで暮らしている。母は父に捨てられて心を病んでおり、一家の収入はジョニーが売る密造酒だけ。ただ、ジョニーはとてもハンサムな男性で、美人の恋人がいる。彼女は奨学金でロサンゼルスの大学に通っており、ジョニーも彼女を追ってロサンゼルスに出ていくため、必死に金を稼いでいる。だが、他の密造酒業者はジョニーをライバルとして狙い、妹も「お兄ちゃんはわたしを捨てていくの？」と嘆き悲しむ。

これは実際にジョニーやジャショーンにあったことを取材して、ドラマに盛り込んでいる。たとえば、途中で火事でジョニーの父親が死ぬシーンは、実際に撮影中に起こった火事を撮影して、物語に取り込んでいる。

この手法はそれほど珍しいものではない。ロバート・フラハティ監督もその手法の名手だった。彼の『極北のナヌーク』（1922年）は、北極圏に住むナヌークという名のイヌイット、いわゆるエスキモーのアザラシ狩りやカヌー作りを撮った作品で、ドキュメンタリーとされているが、実際は監督の指示通りに「演じている」ドキュドラマだ。また、クリント・イーストウッド監督『15時17分、パリ行き』（18年）も、15年にヨーロッパの高速鉄道車内で起こった乱射テロ事件を、その列車に乗り合わせた乗客たち本人に演じさせた。

ザ・ライダー

『兄が教えてくれた歌』は、主人公ジョニーが野生の馬を馴《な》らして鞍《くら》をつけずに乗りこなすシーンから始まる。ラコタ・スー族は500年前から馬とともに生活してきた騎馬民族だ。その撮影中、クロエ・ジャオ監督に馬の乗り方を教えてくれたブレディという少年がいた。彼はプロのロデオ・ライダーの卵だった。ロデオは、調教されていない荒馬（または牛）に何秒乗り続けることができるかを競《きそ》う。

クロエ・ジャオ監督は2作目にブレディを主役にして映画を撮れないかと考えていたが、彼はロデオの最中に馬に頭を蹴られて、頭蓋骨を陥没骨折して脳に損傷を受けた。手術で命はとりとめたが、手のしびれは取れず、もう荒馬どころか普通の馬に乗ることさえ困難になってしまった。

だが、クロエ・ジャオ監督は彼が怪我をしたすぐ後に、このことをそのまま映画にしようと考えた。それが『ザ・ライダー』だ。

『ザ・ライダー』も、登場人物はブレディをはじめ全員が自分を演じている。ブレディの妹リリーも本人だ。大きな声でしかも抑揚がない独特の話し方をするのは、自閉症スペクトラムだから。ブレディの父は酔っ払いで、ギャンブルで大金をすって、ブレディの愛する馬を売る羽目になる、本当にひどい父親だが、それも本人が演じている。

ブレディは、病院にレイン・スコットというロデオ仲間を訪ねる。レインは馬ではなく暴れ牛に乗るブル・ライダー。脳を損傷し、全身不随、喋ることもできない。レインも実際のロデオ選手だが、本当はロデオではなく交通事故で負傷したという。

ブレディが自動車を運転しながら、消えてしまったロデオの夢を思って泣き崩れるまでをワンカットで捉えたシーンでは、いちばん悲しい記憶（可愛がった仔馬が死んだこと）を思い出させた。だから、それは「演技」ではない。

『ノマドランド』でクロエ・ジャオは、原作に登場しないファーンという女性を創造し、それをフランシス・マクドーマンドに演じさせ、ファーンに好意を示すデヴィッド・ストラザーンなど、彼女周辺の人物には俳優を使ったが、それ以外はみんな素人で、当人が当人を演じている。

マジックアワー

配役の他に、この3部作は撮影方法も共通している。

ラバー・トランプ・ランデブーが終わった後、ファーンが、夜明け前の薄明かりの中を歩いていく。ノマドの人々がそれぞれにキャンピングカーで旅立つ準備をしている。荒野の果てしない地平線、空は複雑な色で輝き始める。

夜明けに日が昇る直前、日暮れに日が落ちた直後、太陽の光が空全体に回る。わずか15分ほどのこの時間をマジックアワーと呼ぶ。空全体が光るので影がなくなるから、カメラを自由自在に動かせる。だから、たとえば『ラ・ラ・ランド』（16年）でライアン・ゴスリングとエマ・ストーンが丘の上の駐車場で踊るシーンはカメラを動かすためにマジックアワーで撮影されている。

クロエ・ジャオは『兄が教えてくれた歌』から一貫してマジックアワーを多用して撮影してきた。『ザ・ライダー』でブレディが父の借金のために売られてしまう馬に乗って荒野を駆けてお別れをするシーンは荘厳《そうごん》なまでに美しい。

また、夜明けや日暮れだけでなく、逆光撮影で太陽を画面に映しこむことも多い。それはテレンス・マリックという映画監督の影響である。

テレンス・マリック

テレンス・マリックは73年、『地獄の逃避行』で監督デビューした。58年に19歳のチャールズ・スタークエザーが14歳のガールフレンドの両親を殺し、ふたりでネブラスカ州を逃亡しながら行きずりの人を10人殺した事件の映画化。血なまぐさい内容を荒野の美しい風景のなかでメルヘンタッチで描いている。この映画、原題を『バッドランズ』という。

『ノマドランド』はテレンス・マリック譲りのマジック・アワーを活かして撮られている。

次作『天国の日々』（78年）で、マリックは独自の映像スタイルを確立する。東部で殺人を犯し、中西部で殺人を犯してテキサスに逃れてきた若者が小麦農場で働く日々を自然光で撮影する。逆光シーンが多く、画面にはよく太陽が映りこむ。

クリスチャンのマリックにとって太陽は神を意味する。

「テレンス・マリックの映画にあるのは神だ」

そう語るのはクロエ・ジャオの3部作を撮影したジョシュア・ジェームズ・リチャーズ。NYUでジャオと会って以来、公私ともにパートナーだ。

「クリスチャンではないクロエ・ジャオの映画にあるのはペイガニズム（自然崇拝）だ」

アメリカ先住民は、この大自然、大地も空

も何もかも含めた宇宙全体をワカン・タンカ（偉大なる精神）と呼んで崇拝する。先住民ポカホンタスと英国からの入植者ジョン・スミスの出会いをテレンス・マリックが描いた『ニュー・ワールド』（05年）のDVD解説でクロエ・ジャオは語っている。

「テレンス・マリックは大自然を通して人間を語ります。彼にとって人間と自然は別のものではなく、同じなんです」

北京生まれのジャオ監督はマリックの映画を通して、アメリカの大自然に魅了されていった。

大自然の癒やし

クロエ・ジャオの3部作のもうひとつの共通点は、夢破れた人々の物語だということ。

『兄が教えてくれた歌』のラコタ・スー族は土地を奪われ、居留地に押し込められ、貧しさのどん底で、将来に何の希望もない。ジョニーはロサンゼルスに脱出する夢を抱くが、それも打ち砕かれてしまう。

『ザ・ライダー』のブレディにとってロデオは人生のすべてだった。だが、脳の損傷で、ロデオは彼にとって死を意味することになった。

『ノマドランド』のファーンは、エンパイアに家を持ち、ボーという夫と何十年も暮らしてきた。それはささやかなアメリカン・ドリームだった。

アメリカン・ドリームとは本来、自分の家を持つことだった。ヨーロッパの貧しい小作人たちが、自分の土地を持つ夢がかなう国、それがアメリカだった。彼らは移民として大西洋を渡り、幌馬車で荒野を旅して約束の地を求め、どこかにたどり着いて家を持った。

だが、すべては奪われた。ファーンが夫と住宅ローンを払い続けたであろう家は、ただの廃墟になった。画面に登場しない夫ボーは死んでしまったアメリカン・ドリームを象徴している。原作には「アメリカン・ドリームなんて嘘っぱちだ」という言葉もある。

クロエ・ジャオ3部作の夢破れし主人公たちは、その傷を、神々《こうごう》しいほどの大自然に包まれて癒やされる。ファーンの水浴は浄化や再生を意味している。

アマゾン倉庫の描写の嘘

ファーンは、暖かいベッドのある暮らしに戻れるチャンスにも背を向け、孤独な荒野に帰っていく。これを観て、彼女のような自由な生き方に憧れる人もいるだろう。

ただ、それは原作『ノマド』を読んでからにしてほしい。そこには映画が見せなかった過酷な現実が描かれている。

ファーンは夏は国立公園のキャンプ場、冬はアマゾンの倉庫で働くが、どちらも最低賃金で毎日早朝から夜の9時までほとんど休みなく働かされる。アマゾンでは固いコンクリの床の上を10時間以上、歩き回るので足腰がやられてしまう。リンダさんはアマゾンでバーコードリーダーの使い過ぎによる腱鞘炎《けんしょうえん》になった。

そもそもアマゾンが高齢の放浪者を積極的に雇うのは慈善事業ではなく、労働組合を作って賃上げ闘争をしないからに他ならない。劇中ではアマゾン倉庫についてファーンが「払いはいいよ」と言うが、時給15ドルに値上げしたのは『ノマドランド』撮影後だ。

ところが、そんなアマゾンのマイナス面をこの映画は見せない。フランシス・マクドーマンド自ら手紙を書いてアマゾンから撮影許可を取ったから、しかたがない。

隠された構造的貧困

そもそも、この映画ではノマドたちはどうしてノマドになったのかがわからない。彼らはけっして怠け者の自由人ではない。

原作にはリンダさんの生涯が細かく書かれている。貧しく育ち、高校を中退したが、努力して高卒認定資格と、建設技術資格を取得し、トラック運転手、ホステス、施工管理の現場監督、フローリング店の経営者、保険会社の役員、建設監査員、国税庁の電話相談員、障碍者《しょうがいしゃ》の介護職員、犬のブリーダー……そしてふたりの娘を育て上げた。

ところがリンダさんは60歳になった時、仕事が見つからず、貯金はおろか、光熱費を払う余

クロエ・ジャオ監督。

裕もなく、電気も水道も止められた。年金支給を早めに受けたが、月530ドルでは、トレーラーハウスの家賃600ドルも払えない。なぜ、真面目な働き者が老後住む家もなくなるのか？

「賃金の上昇率と住居費の上昇率があまりに乖離《かいり》した結果」だと原作にある。

「法定最低賃金で働く正社員の収入でワンベッドルームの賃貸料をまかなえる地域は、全米でわずか12の郡と大都市圏がひとつだけだ」

家賃は月収の3分の1が適正だとされるが、実際はアメリカの6世帯にひとつが収入の半分以上を住宅費に費《つい》やしている。すると老後の貯《たくわ》えなどできるはずがない。5人に1人のアメリカ人が貯蓄ゼロといわれる。つまり住宅費のために老後を犠牲にしたことになる。

道のどこかでまた会おう

ノマドは「難民」なのだと原作にはある。アメリカの低所得者層はつねに崖《がけ》っぷちギリギリを歩いている。ちょっとした不運で社会の崖っぷちから落ちてしまう。

ケン・ローチ（#9〜10）が監督していたら、そういう背景を厳しく告発する映画になっただろう。

だが、クロエ・ジャオはそれをポジティヴに反転させる。

「私はハウスレス。ホームレスじゃない」ファーンが言う。

家（ハウス）はないが、ホーム（住む場所）はある。この広い大地すべてだ。ノマドの導師ボブは言う。ノマドは家や金を失うことでそれから自由になったのだと。自らその生活を選んだのだと。

「我々は旅人だ」ボブは言う。家がないのではなく旅の途中なのだと。

ボブは自分がさまよい続ける本当の理由を明かす。自分の息子が自殺したことを。彼らはみんな傷ついている。癒やしを求めて旅は続く。でも人は誰でもいつかは同じ場所にたどり着く。

「私はけっしてさよならとは言わない」旅の途中で亡くなったノマド仲間にボブは呼びかける。

「道のどこかでまた会おう」

永遠の詩

もともとクロエ・ジャオの興味は社会問題の告発にはない。『兄が教えてくれた歌』でも、先住民居留地の貧困の原因は掘り下げられない。『ザ・ライダー』では、登場人物全員がラコタ・スー族であることにすら触れない。

それよりも、ジャオは彼らを美しく、詩的に描くことに全力を注いでいる。

ファーンは、旅の途中で出会ったノマドの若者デレクにシェイクスピアのソネット（14行詩）の18番を捧げる。

君を夏の日にたとえていいかい？
いや、君の方がずっと美しく、おだやかだ
夏の荒々しい風は5月の花の可愛いつぼみを揺らし
夏はあっという間に過ぎ去っていく
天国の目、つまり太陽は時に厳しく照り付ける
しばしば太陽は黄金の顔色を曇らせる
どんなに美しいものもいつか衰える
偶然にせよ、自然の理《ことわり》にせよ

でも君の永遠の夏は色あせない、
君の美しさはいつまでも君のものだ
君も死の影に迷い込むとは言わせない
永遠の詩にうたわれて君は生きていく
人々が息をし、目が見えるかぎり、
この詩は生き続け、君に命を与え続けるんだ

その青年デレクも地元の素人で、俳優ではない。映画に出るのは一生に1度の出来事だろう。でも、彼はクロエ・ジャオによって永遠の命を与えられた。ジョニーや、ブレディや、他のノマドたちとともに。

2019年　米・中・日合作
監督：ジョーダン・ピール
主演：ルピタ・ニョンゴ
ウィンストン・デューク

＃4『アス』
――私たちこそモンスターだ

アデレード（ルピタ・ニョンゴ）とゲイブ（ウィンストン・デューク）のウィルソン夫妻は、ふたりの子どもを連れて、湖畔の別荘に遊びにきていた。その晩、玄関に真っ赤なツナギを着た4人の人影が立っていた。

「いったい何者？」

「あれは……僕たちだよ It's us!」

ウィルソン一家そっくりの4人は、ウィルソン一家を殺して、その家を乗っ取ろうとする。

彼らはいったい何者なのか？

『アス』は『ゲット・アウト』でアカデミー脚本賞を受賞したジョーダン・ピール監督のホラー映画第2弾。

そのモンスターは「アス（私たち）」自身だ。

ドッペルゲンガー

「この世でいちばん怖いモンスターは何か考えた」

ピール監督は筆者とのインタビューでそう語った。

「僕は子どもの頃から自分にそっくりな人間、ドッペルゲンガーが怖かった。調べてみると、どんな国にもドッペルゲンガーの怪談がある。それは人類の原初的な恐怖らしい。人は自分自身の影、抑圧された自分自身の姿を見るのがいちばん怖いんだ。誰にでも二面性があるから。そして、ドッペルゲンガーの家族があったら？　と思いついた。すると、いろんなアイデアがあふれでてきて、たまらず脚本を書いたんだ」

ハンズ・アクロス・アメリカ

『アス』は、ピール監督の個人的な体験と不安から生まれたホラー映画だ。

『アス』は1986年のテレビ画面から始まる。映っているのは「ハンズ・アクロス・アメリカ」というチャリティ・イベント。86年5月25日の日曜日、アメリカの西海岸から反対側の東海岸、カリフォルニアからニューヨークまでの約6600キロを600万以上の人々が15分間、手と手をつないだ。

主催者はUSAフォー・アフリカ。あの「ウィ・アー・ザ・ワールド」を呼びかけた慈善団

『アス』は1986年の「ハンズ・アクロス・アメリカ」から始まる。

体だ。「ウィ・アー・ザ・ワールド」では、マイケル・ジャクソンやブルース・スプリングスティーンなどの大物ミュージシャンがアフリカの飢餓を救済するための募金を呼びかけたが、「ハンズ・アクロス・アメリカ」はアメリカ国内のホームレスや貧困層の救済のため、アメリカ人の連帯と寄付を求めた。参加者にはオノ・ヨーコ、ライザ・ミネリ、そして当時の大統領ロナルド・レーガンや、後の大統領ビル・クリントンもいた。

このイベントをジョーダン・ピールは7歳の頃にテレビで観て、忘れられない記憶になったという。

「子ども心におかしいと思ったよ。そんなイベントより直接、食べ物を寄付したほうがいいからさ。みんな、手をつないだことに満足して、それで何かやったつもりになった。アメリカの輝ける希望の象徴のはずだが、僕には闇《やみ》が見えた」（筆者とのインタビュー）。

この慈善イベントは失敗に終わった。主催者は1億ドルの寄付を期待していたが、集まったのは半分にも満たない3400万ドル。経費を引いた残り金額は1500万ドルに過ぎなかった。

その頃から、アメリカの貧富の差は拡大していった。レーガン大統領が新自由主義による経済政策を実施したからだ。富裕層に対して減税し、福祉への政府支出を削減した。演説では生活保護に頼る貧困層を「福祉の女王様」と呼んでスケープゴートにした。

富裕層優遇と福祉削減はその後も、父ブッシュ、クリントン、子ブッシュまで4半世紀も続き、この間に貧困層は3500万人から4600万人に増えた。トップ1％の超富裕層の収入がアメリカ人全体の収入に占める割合は3割から4割と30％以上も増え、逆に下から90％の庶民の収入額は3割から2割へと減った。

C・H・U・D

『アス』の冒頭で「ハンズ・アクロス・アメリカ」が映っているテレビの横には『チャド C・H・U・D』（84年。日本未公開）という映画のVHSビデオの背が見える（85ページ写真）。都市の地下に住むホームレスが放射性廃棄物のために怪物と化すホラー映画だ。当時、社会問題になっていた「モグラびと」と呼ばれる、ニューヨークの地下鉄のトンネルに暮らすホームレスの人々にヒントを得ている。

少年時代のジョーダン・ピールはニューヨークの地下鉄で通学していた。

ジョーダンの母は白人、父は黒人で、マンハッタンのアッパー・ウェスト・サイドという、豊かな白人たちの住宅街で暮らしていた。しかし、80年代のマンハッタンは最もホームレスが多かった時代で、地下鉄やセントラル・パークには数え切れない黒人たちがうずくまっており、その横を通ってジョーダン少年は学校に通っていた。

「僕は金持ちじゃなかったけど、中産階級のニューヨーカーだった。いい教育も受けたし。それを当たり前のことのように思っていた。ただ、この世界の邪悪な面を見るたびに、僕が持っているいろんなものをまるで持っていない、僕みたいな子がどこかにいるんだと思うようになった」(同)

トワイライト・ゾーン

そんな頃、彼はテレビで60年代の白黒テレビ番組『トワイライト・ゾーン』(59~64年)を観た。バス乗り場でひとりの女性が自分とそっくりの女性と出会い、そのドッペルゲンガーに人生を乗っ取られてしまうというエピソードだった。

「彼らはずっと、私たちと入れ替わる時を待っていたんだわ」

その台詞を聞いた後、ジョーダン少年は、地下鉄の反対側のホームに立っている自分とそっくりの子がこっちを見ている姿を想像して怖くなったという。

ホームレスの子と自分に何の違いがあるのか？　自分はたまたま豊かな家庭に生まれたが、もし貧しい家に生まれたら？

『アス』のヒロイン、アデレードは幼い頃、家族とサンタクルーズの遊園地に行った時、ファンハウス（鏡の迷路）で、自分そっくりの少女と遭遇し、失神したところを助けられる。

ハワード大学

アデレードはしばらくトラウマに苦しむが、それを克服し、33年経った現在、彼女はゲイブ・ウィルソンという黒人男性と結婚し、ゾーラとジェイソンというふたりの子どもにも恵まれ、幸福に暮らしている。

ウィルソン一家はリゾート地に別荘を所有する富裕層だ。夫ゲイブが着ているトレーナーには「ハワード」と書いてある。彼は黒人の名門私立ハワード大学の出身者。エリートである。ゲイブを演じるウィンストン・デュークは、ジョーダン・ピールの分身のつもりで演じたという。

テザードの赤いツナギはアメリカの受刑者のオレンジのツナギに似ている。

「僕は、黒人を主人公にした映画で、世界中のどんな人でも感情移入できる物語を描きたかった」

ピールは言う。

テザード

ウィルソン一家は、アメリカの囚人服のような真っ赤なツナギを着た、彼らのドッペルゲンガーたちに襲われる。襲撃者たちは自らをテザード（縛られた者たち）と呼ぶ。地下の刑務所のような施設に閉じ込められていたからだ。

実際、アメリカでは200万を超える人々が刑務所に収監されている。その数はやはり80年代から急激に増加した。その圧倒的多くが大麻所持罪だった。レーガン政権が「ドラッグとの戦い」を宣言し、路上の職務質問で大麻所持者を片っ端から逮捕したからだ。この約40年間に全米の刑務所の収監者数は4倍に増え、全人口に対する収監者の率は世界一になった。そのうち3人にひとりが黒人、6人にひとりがラテン系だ。

ちなみに『アス』のヒロイン、ルピタ・ニョンゴはケニア人の父親とメキシコ人の母親との間に生まれ、メキシコで育った。夫役のウィンストン・デュークはカリブ海のトリニダード生まれで、幼い頃、アメリカに移住した。このふたりに理想的なアメリカン・ファミリーを演じさせているのは意味深い。

誰がモンスターか

そして、ウィルソン一家とテザード一家の殺し合いが始まる。家族を守るためとはいえ、自分の娘や息子と同じ顔をした子どもたちを殺すのだ。

「貧しい人を見て、彼らも自分と同じ人間で、たまたま貧しい家庭に生まれただけだと思わなければ、自分が恵まれていることには気づけない」ジョーダン・ピールは言う。

「それどころか、人は、貧しい人たちが自分たちのテリトリーに入ってくるのを恐れ、排除しようとする。この映画のもうひとつのテーマは、人は自分や、自分の家族やグループを守るためなら、最悪のモンスターになるということ。人間というものは、信じられないほど善いことができるいっぽう、自分の罪悪感や責任感に蓋をして、どんな残虐なこともできる。その二面性がDNAに組み込まれている。つまり私たちの最悪の敵は私たち自身なんだ」

メキシコへ逃げる

最後にアデレードはさらわれた息子を救うためにテザードたちの本拠地に乗り込む。そこは何らかの実験施設で、テザードたちはクローンだったらしい。それを誰が何のために造ったのか？　全米規模で革命を起こすほどの地下室がどこにあるのか？　理論的には破綻《はたん》している。でも、これはSFじゃない。教訓的なおとぎ話なのだ。『トワイライト・ゾーン』の各エピソードがそうであったように。

アデレードはテザードの分身、レッドと相見《あいまみ》える。レッドこそがテザードの反乱を指揮した、彼らにとっての救世主だった。

そして一騎打ち。アデレードが裕福な家庭で育ちながらバレエを習っていた少女時代、レッドは地下で独学でバレエを習得した。その体術でレッドはアデレードを追い詰める。だが、一瞬の差でレッドを倒したアデレードは息子を助け出し、家族でメキシコを目指す。

アメリカン・ドリームを体現したウィルソン一家がメキシコに逃げるのは、いかにも皮肉だ。『アス』が公開された19年、貧しさとギャングの恐怖が渦巻くホンジュラスやエルサルバドルからアメリカに難民が殺到し、助けを求めてきた彼らを当時のトランプ大統領は壁で蹴散らそうとした。

脱出する車の中で、アデレードは思い出す。自分こそがテザードだったことを。33年前、あのファンハウスで、本物のアデレードと入れ替わり、アデレードとして育てられたことを。本物のアデレードは地下に閉じ込められ、地上への復讐を誓ってレッドになったことを。

世界のどこかに貧しい人、虐げられた人がいるなら、それが自分でないのはたまたまにすぎない。もしかしたら彼は、彼女は、自分だったかもしれないのだ。

それを忘れた時、私たち、アスは怪物になる。

#5 『ザ・スクエア　思いやりの聖域』
――「善きサマリア人」は、どこだ？

2017年　スウェーデン・独・仏・デンマーク合作
監督：リューベン・オストルンド
主演：クレス・バング

フランスのアルプスにスキーを楽しみに来たスウェーデンの裕福な家族。レストランのテラスで食事をしていたが、目の前に見える山で雪崩《なだれ》が起こる。そのスウェーデン一家の父親はパニックを起こして自分だけ逃げ出した。実は雪崩は人工的なもので、誰にも被害はなかった。だが、自分と子どもたちを見捨てて逃げようとした夫に妻は失望し……。

スウェーデンのリューベン・オストルンド監督の『フレンチアルプスで起きたこと』（2014年）は男性の弱さをえぐり出す苦笑いコメディとして世界的に評価された。オストルンドは、ひたすら、観客に居心地の悪い思いをさせる映画だけを撮り続けてきた。

ひたすら居心地の悪い映画

74年生まれのオストルンドは04年、最初の劇映画『ギターモンゴロイド（原題：Gitarrmongot）』を発表し、国内で物議《ぶつぎ》を醸《かも》した。たがいに無関係な5つのエピソードを集めた映画で、5つともカメラは固定で、ワンカット編集なしの長回し。タイトルになっている絶叫しながらギターをかき鳴らす少年以外のエピソードはどれも不穏だ。

たとえば少年たちが街を徘徊《はいかい》して路上の自転車を寄ってたかって蹴って壊したり、橋の上から川に投げ捨てたりする。また、ひとつのテーブルに座った3人の少年のエピソードでは、ふたりが拳銃を出して、ひとりの少年に無理矢理にロシアンルーレットをやらせようとする。やらせる少年の顔にはモザイクがかかっており、実際に行なわれる犯罪の記録のように見えるので問題になった。オストルンドはすべて演技だと弁明しているが。

2作目の『インボランタリー（意に反して　原題：De ofrivilliga）』（08年）もやはりいくつかのエピソードを集めたオムニバス。

タイトルどおり、イジメの現場を隠しカメラで撮ったドキュメンタリーのように見える。1つ目は、セクシーな服装をした女の子たちがバスに乗り、乗客のひとりの、メガネをかけた気の弱そうな少年に「君、可愛いじゃん」と話しかけてからかって困らせる。

2つ目は、男同士が酒を飲んでいるうちにズボンを脱いで、いちばんおとなしそうな男性に同性愛行為を迫って困らせる。

3つ目は誰かのホームパーティの映像。庭で打ち上げ花火を始める。不発だった花火に年配の紳士が近づいたら、その瞬間に発射された花火に彼は眼を直撃される。周囲の人々は「病院に行った方がいい」と勧めるのだが、紳士は「恥ずかしいから！」と、頑《かたく》なに病院行きを拒《こば》む。「病院に行こう」「絶対に行かない」のやりとりが延々と続いて観客をうんざりさせる。

そして4つ目。観光バスの運転手が動こうとせず、客に向かって「もうみんな降りろ。このバスはどこにも行かない」と言い始める。「トイレのカーテンレールが壊れている。壊したやつが名乗り出るまでは、俺はこのバスを動かさない」。観客は、中年の女性がカーテンを壊す現場を観ているが、彼女は名乗り出ない。その代わり、一人の子どもが親から犯人の濡《ぬ》れ衣《ぎぬ》を着せられる。

あなたならどうする？

3作目の『プレイ』(11年　原題：Play) は、スウェーデンに大論争を巻き起こした。12歳くらいの白人ふたり、アジア人ひとりの少年たちが、ソマリア系移民の黒人少年たち4人組に時間を尋ねられる。白人少年が携帯電話で時間を見ようとすると、黒人少年が、それは自分の兄弟が盗まれた携帯だ、と言い始める。アジア系の少年がクラリネットを習っていることから、彼と白人ふたりは中産階級以上だと推測できる。彼らは黒人少年たちに精神的、肉体的にいたぶられながら、なぜか言いなりになって自宅から遠く離れた郊外についていってしまう。

そこで黒人少年たちはある「プレイ（遊び）」を提案する。徒競走で勝った方が負けた方の持ち物をすべて奪うというルールだ。もちろん、それは罠《わな》だった。レースが始まると、中産階級の子たちはカーブした道なりにゴールを目指したが、黒人少年たちは直線の最短距離を通って勝ってしまう。中産階級の子たちは携帯と財布を奪われ、泣きながら遠い家路を帰る。また、黒人少年のひとりはさすがに気がとがめて仲間に異議を示すが、裏切り者として袋叩きにされる。

『プレイ』は実際にあった事件の映画化だが、貧しい移民の黒人少年たちへの憎悪と差別を煽る作品だと批判された。だが、オストルンド自身は、彼の興味は人種問題よりも、その「イジメ」が路上やショッピングセンターや市電の中で続いていたにもかかわらず、そこにいた大人たちが誰も介入しなかった事実にあると言っている。

「このような救助行動の抑止は、〝傍観者効果〟として知られています」（『ザ・スクエア』日本版DVD封入ブックレットの監督メッセージ）

オストルンドは言う。

つまり、「他にも目撃者がいっぱいいるんだから、誰か助けるだろう」「助けないのは俺だけじゃない」という言い訳による保身《ほしん》。『プレイ』を観ている間の強烈な居心地の悪さは、「あなたはこの現場にいたら、止められるか」と問いかけられているからではないか。オストルンドは続く『フレンチアルプスで起きたこと』でも、「あなたはこの主人公のように雪崩を見ても自分だけ逃げたりしないか？」と問いかけた。

思いやりを試す

15年、オストルンドは映画ではなく、現実の街の中で人々を試そうとした。それが「ザ・スクエア」というプロジェクトだ。彼は街の中心部にある広場の地面に4メートル四方の正方形を設置した。そこにはこう書かれている。

「このスクエア（四角）は、信頼と思いやりの領域です。この中では誰もが平等の権利と義務を持っています。この中にいる人が困っていたら、それが誰であれ、あなたはその人の手助けをしなくてはなりません」

また、「ザ・スクエア」に関連した美術館の展示では、入場者に「あなたは人を信じるか、信じないか」を選ばせ、「信じる」を選んだ人は用意された箱に財布や携帯を入れさせる。

その展示を映画化したのが『ザ・スクエア　思いやりの聖域』（17年）だ。主人公は「ザ・スクエア」を展示した美術館のキュレイター（企画者）、クリスチャン。彼はふたりの娘がいるバツイチで……つまりオストルンド自身の投影だ。

クリスチャンたちキュレイターが「ザ・スクエア」を企画したのは、貧しい人、恵まれない人々への思いやりを求めてではない。美術館経営のためだけだ。彼らは言う。

「アイス・バケツ・チャレンジみたいにバズらないと」

14年、ＡＬＳ（筋《きん》萎《い》縮《しゅく》性《せい》側《そく》索《さく》硬《こう》化《か》症《しょう》）の研究資金への寄付を呼び掛けるため、ハリウッドのスターや歌手やセレブたちがバケツに入った氷水を頭からかぶる動画をネットに上げた。

「アートは競争だ」「メディアで紹介されて物議を醸《かも》す必要がある」「そうやって寄付を集めるんだ」

ビジネスのために人々の思いやりを試そうとしたクリスチャンたちは、自分自身の思いやりを試されていく。

スウェーデンのホームレス

クリスチャンは高級コンドミニアムに住み、高級ブランドのスーツを着て、高級車テスラを乗り回す独身貴族（バツイチ）だが、彼の行く先々の路上にホームレスの人々がいる。

福祉国家として名高いスウェーデンにこんなにも多くのホームレスがいるのか。驚いた人も多いだろう。しかし、この映画が作られた17年、人口約１０００万人のスウェーデンのホームレス人口は3万人以上だった。日本のホームレス人口は４０００人前後だから、これはかなり高い。

貧困者は57万人、失業率は18年に6・35％で、その後、上昇している。ホームレスの4割以上は外国生まれ。アフリカ系の難民やルーマニアから来たロマ（かつて「ジプシー」と蔑称された人々）が多い。また、女性が多く、3割は未成年だ。

失業者には社会扶助（平均年収の6割程度）が支給されているが、それでもホームレスになるのは、都市部エリートの収入が上昇し、彼らが家賃や不動産価格を吊り上げ、労働者の賃金は上がらず、家賃の高騰に追いつけないからだ。同じことがアメリカやイギリスや韓国で起こっている。

物乞いするホームレスがいる。生きているのか死んでいるのか、地面に倒れて動かないホームレスがいる。でも、通勤の人々は彼らを見て見ぬふりをして足早に通り過ぎる。スクエアで人々の思いやりを試そうとしているクリスチャンもそのひとりだ。

善きサマリア人

オストルンドは、73年にアメリカのプリンストン大学の心理学者が行なった〝善きサマリア人の実験〟に影響を受けたと言っている。

「善きサマリア人」とは新約聖書に記されたイエス・キリストが語った話。ひとりの旅人が追いはぎに襲われて行き倒れになっていたが、通り過ぎる人は彼を助けなかった。しかし、サマリア人（ユダヤ社会では差別されていた）は彼を助けて介抱した。キリストは彼のようにしなさい、と説いた。

この実験では、聖職者を志願する神学生たちが対象になった。彼らをふたつのグループに分け、ひとつには「善きサマリア人」について議論させ、もうひとつには今後の進路について話させる。さらにそれを3つのグループに分け、違う建物の教室に移動するよう指示する。ただ1つ目のグループは「大至急行くように」、2つ目は「急いで行きなさい」、3つ目は「ゆっくり行っていい」と言われる。

移動の途中に、あらかじめ用意された人が倒れている。はたして彼らは助けるか？

結果として、「大至急」と言われた神学生の1割しか倒れている人を助けようとしなかった。それはわかるとしても、驚くべきことは「善きサマリア人」の話をした直後の神学生でも、助けようとしたのは6割に満たなかったという事実だ。

「思いやり」についての理念は、かならずしも人の実際の行動に結びつかない。

ビラ

だが、ホームレスを無視して通りすぎるクリスチャンも、悪人というわけではない。

「助けて！　殺される！」

「思いやり」の大切さを説く主人公だが、自分の携帯を盗んだのは低所得者アパートの住民だと考え、ビラを配る。

出勤の雑踏で、そんな叫びを聞いたクリスチャンは思わず立ち止まって、叫んでいる誰かを助けようとする。他の人々は気にせずに会社に急いでいるのに。

クリスチャンはその最中に携帯と財布をすられてしまう。人助けしようとしたら損するという皮肉。

携帯のGPSをトラッキングしてみると、郊外のある場所で点滅が止まった。アパートだ。

美術館で働く部下の提案で、ふたりは「お前が泥棒なのはわかっている。通報されたくなければ、携帯と財布を返せ」と書いたビラを作って、アパート各室の郵便受けに投函することにする。

クリスチャンのテスラでアパートに行っ

てみると、それは低所得者向け高層住宅で、エレベーターもなければ、共同の郵便受けもない。階段で上がってひとつひとつのドアのポストにビラを入れていかないとならない。

クリスチャンの部下（アフリカ系）は車を降りようとしない。低所得者を恐れているのだ。ここですでにスウェーデンの格差が人種ではなく収入によるものになっていることがわかる。しかたがなくクリスチャンは自分でビラを配って、あわてて逃げる。この一連の出来事はこの作品のプロデューサーが体験した事実だという。

結局、ビラが功を奏して、携帯と財布はクリスチャンが指定したコンビニに届けられるのだが……。

モンキーマン・オレグ

人々の偽善を試すクリスチャンは、自らも試され、それでもまた人々を試す。美術館に多額の寄付をしてくれる政治家や財界人を集めたディナー・パーティで「モンキーマン・オレグ」を披露する。ここでオストルンドは凶悪な「善きサマリア人実験」を仕掛けてくる。

ドレスで着飾って優雅に食事する紳士淑女の前に上半身裸の筋骨隆々の男オレグが現われる。彼は人語《じんご》を発せず、獣のように叫びながらひとりの女性に襲いかかる。しかし、襲われた女性も半笑いで、周囲の人々も助けようとしない。これは美術館のパフォーマンス・アートだから、

「モンキーマン・オレグ」は紳士淑女の虚飾を剥ぐ。

一種のジョークのようなもので、オレグもけっして女性を傷つけたりはしない、と信じているからだ。しかし、オレグは一線を越えようとする。

このモンキーマン・オレグは、「ドッグマン・オレグ」という実際のパフォーマンスを基にしている。

ウクライナ系ロシア人のパフォーマンス・アーティスト、オレグ・キューリクは1966年、スウェーデンのストックホルムを訪れて「ドッグマン・オレグ」を演じた。美術館前の路上で全裸で犬の首輪をつけて、四つん這いになって、ワンワン吠えながら、道行く人々に襲いかかった。嚙みついたり、女の人に「さかろう」とした。

モンキーマン・オレグを演じるテリー・ノタ

リーは映画『猿の惑星』シリーズで猿の動きをコーチしたこともある「名優」だ。そんな彼が演じる猿に襲われた女性が悲鳴を上げても紳士たちはただ見ているだけだ。

「これもアートなのか？」「邪魔したら、アートを理解してない無粋な奴になってしまう」まるで「裸の王様」だ。「これはアートだ」と言われると、どんなクズでも、どんな悪行《あくぎょう》でも認めなければならない気になる。

賓客《ひんかく》たちが戸惑《とまど》っているうちにオレグはどんどんエスカレートし、ついにはレイプ寸前になる。ここでさすがに紳士たちもオレグに飛び掛かり、彼を袋叩きにする。

ここでオストルンドはシーンを終わらせているので、この後、どうなったかわからない。もしオレグが素《す》に戻って「何するんですか皆さん、アートですよアート」と言って、襲われた女性も「芝居ですよ」と言ったら？　オストルンドは観客をモヤモヤした気持ちのまま置き去りにする。

届かない謝罪

盗まれた財布と携帯を取り返したクリスチャンのコンドミニアムを、小学生の少年が訪れる。

「あんたのビラのせいで僕が親から泥棒だと思われた。謝れ」

その子をクリスチャンは乱暴に追い払う。「３つ数えるうちに消えうせろ。でないとぶちのめすぞ！」と言ってドアを閉める。

だが、クリスチャンは悪党ではない。彼はオストルンド、それにこの映画を観る世界中の観客の代表だ。

自分の行ないを後悔したクリスチャンは罪悪感に苛《さいな》まれ、少年を探す。が、どこにもいない。彼の「助けて」という声だけがコンドミニアムに響く。

クリスチャンは少年宛に謝罪ビデオを撮る。

「正直言うと、私は君のアパートに住んでいる人（要するに低所得者）がこわいんだ」

自分の豊かな生活が、富の不均衡によって支えられている自覚があるから、貧しい人たちに憎まれていると感じてしまう。

「君にだって、私たち（富裕層）に対する偏見があるだろう。私たちの生活はあまりにも違うから」

でも、それは自分のせいじゃない、とクリスチャンは言い訳する。

「私は世界の富の半分を独占しているような人々を知っている」

クリスチャンがモンキーマンでおちょくった、美術館への寄付者たちのことだ。

「この格差を解決できるのは彼らだ。富の再分配、それは政治的な問題だ。私のような個人で解決することはできない。社会がやるべきことだ」

ホームレスに手を差し伸べない人は同じような言い訳をする。「僕が今、彼にいくらかのお金をあげたところで、彼が貧しさから脱出できるわけじゃない。彼ひとり助けても何も意味はない。社会全体を変えなくては」。

でも、目の前の困っているひとりを助けようとしない人たちが、自分たちの富を貧しい人々に分配する政治家を選ぶだろうか？

クリスチャンは少年に謝罪しようとして、あのアパートに行く。しかし、少年はすでに引っ越して、どこに行ったかもうわからない。彼の謝罪はどこにも届かない。少年の「助けて」という叫びは永遠にクリスチャンを苛み続ける。ザ・スクエア、思いやりの聖域はどこにあるのか。

#6 『バーニング 劇場版』
——格差が生んだ「大いなる飢え」

2018年 韓国・日本合作
監督:イ・チャンドン
主演:ユ・アイン
スティーヴン・ユアン
チョン・ジョンソ

韓国映画『バーニング 劇場版』(2018年)は、村上春樹が83年に発表した短篇小説『納屋《なや》を焼く』の映画化だが、そのモチーフだけ借りて、イ・チャンドン監督は独自のテーマを描こうとしたと言う。

「それは今の韓国の格差社会への、若者の怒りです」

納屋を焼く

村上春樹『納屋を焼く』の主人公は31歳の「僕」。知り合いの結婚パーティで20歳の「彼女」——ふたりとも名前がない——と知り合い、親密になる。

「彼女」は自由気ままな生活をしている。村上春樹が好きなトルーマン・カポーティの小説『ティファニーで朝食を』(58年)のヒロイン、ホリー・ゴライトリーにヒントを得たキャラクターで、収入源は謎だが、都会で楽しく暮らしている女性。「彼女」は「これからアフリカに行く」と言う。それも『ティファニーで朝食を』の影響だろう。ホリー・ゴライトリーも最後にアフリカに行き、帰ってこない。

ところが『納屋を焼く』の「彼女」は帰ってくる。アフリカで知り合ったという男性を連れて。その「彼」は、村上春樹自身の好きな小説『グレート・ギャツビー』(スコット・フィッツジェラルド作。25年)のようだ。ギャツビーはその若さで大富豪だが、何をして稼いでいるのかわからない。「彼」はマリファナを吸いながら「僕」にこう言う。

「僕の趣味は納屋を焼くことなんだ」

自分は何ヵ月かおきに納屋に放火しており、次はこの近くの納屋を焼くつもりで、どれを焼くか決まっている、と言う。

念のため書いておくと、納屋とは農家にある農具や干し草とかを置いておく小屋のこと。この小説の舞台になる都会にはあまりないものだから奇妙だ。「僕」が、どの納屋を焼くのか尋ねると、「彼」は「近くだ」としか言わない。

その後、「僕」は近所の納屋の見回りをする。しかし、どの納屋も焼かれていない。そのうちに「彼女」は行方不明になる。

「僕」は、「彼」に出会って「納屋を焼き払ったの?」と聞くと、「もう焼き払ったよ」と言われる。これで小説は終わるが、読者は、「彼」が言っていた納屋とは「彼女」のことかもしれない、と思ってゾッとする。

パジュ

以上のようにひじょうに抽象的な物語である『納屋を焼く』を、イ・チャンドンは『バーニング』で、具体的で、生々しいリアリズムで描き始める。

冒頭はソウルの繁華街。ゴチャゴチャとものがあふれていて、そこらじゅうに韓国語の張り紙があって、雑然として生活感がある。村上春樹の小説の、プラスチックで透明な感覚とは正反対だ。

主人公（ユ・アイン）は派遣で配送の仕事をしている非正規労働者の若者。「僕」ではなくて、ジョンスという具体的な名前がある。

ジョンスは、店頭でキャンペーンをしている女性（チョン・ジョンソ）、つまりキャンギャルを見つめる。ミニスカートをはいた彼女はジョンスを見て気づいて「幼馴染《おさななじみ》のヘミ」だと名乗る。「整形したからわからないでしょ」

ジョンスもヘミもパジュ市で育ったという。パジュはソウルの北、北朝鮮との国境である板門店《パンムンジョン》の軍事境界線がある実在の市だが、ソウルまで電車で1時間ちょっとの通勤圏でもある。東京にとっての茨城や埼玉みたいな所だ。

存在しない猫

夜、ヘミとジョンスは居酒屋に行く。貧乏な学生や若者が行くような庶民的な店で、村上春樹が『納屋を焼く』を書いた時に東京で流行っていたカフェバーのような店とは決定的に違う。

ただ、ヘミのキャラクターは村上春樹の原作に忠実だ。つまり、言っていることが抽象的だ。

ヘミは「アフリカに行く」と言う。そして「アフリカの人にとって、『飢え』には2種類あるの」と言う。ひとつは普通の、空腹とか、生理的な、物質的な飢え。「それは『小さな飢え』というのよ」

それと別に、もっと根源的な、哲学的な、人生の意味に対する渇望がある。それを「大いなる飢え」と呼ぶのだという。

その後、ジョンスはヘミの部屋に行って彼女とセックスをする。ヘミがコンドームを出して、着けてやる。コンドームを着ける描写は映画では珍しい。当たり前のことなのに、めったに映画には描かれない。

ヘミは「私がアフリカに行ってる間、飼ってる猫に餌をあげてくれる?」と言う。ところが猫はどこにもいない。さっきの居酒屋でも、ヘミは存在しないミカンの皮をむいてみせた。つまりパントマイムだが、ジョンスが「どうしてそんなに上手なの?」と尋ねると、「このコツはね、そこにミカンがない、ということを忘れることなの」と答える。「そこにミカンがある

存在しないミカンを剝いて見せるヘミ。

と思い込む」と言えばいいのに。ヘミは存在しないことに強く惹《ひ》かれている。

シークレット・サンシャイン

ヘミの部屋はあまりに狭くてベッド以外に何も置けない。だが、街を見下ろせる高台の上にあるし、ソウルタワーが窓から見えるので不動産価格は相当高い地域だろう。ヘミは家賃をやっとこさ払っているようだ。

北向きで日当たりは悪い。でも、ヘミは言う。「ソウルタワーに太陽があたったときに、一瞬光が私の部屋に入ってくるの」

ジョンスはヘミを抱いた時、その光が壁に差し込んで壁を照らすのを見る。シークレット・サンシャインだ。

イ・チャンドン監督の過去の作品が『シー

クレット・サンシャイン』（07年）だった。それは密陽《ミリヤン》という、韓国に実在する都市名の英語訳だ。

『シークレット・サンシャイン』のヒロイン（チョン・ドヨン）は夫を交通事故で亡くし、息子を誘拐事件で殺され、どうしようもない怒りと悲しみの闇に閉じ込められている。キリスト教もそれを救えない。ただ、ソン・ガンホ扮する俗っぽいが一途《いちず》な男が彼女のかすかな光になる。

『バーニング』のジョンスもそういう存在だ。

衰退する農業

ジョンスの実家は農家だが、韓国では離農と、農村の過疎が急激に進んでいる。ソウルなどの大都市への一極集中がひどいのだ。ソウルは高層住宅が密集しているが、ソウルを出ると人が急にいなくなり、田舎はガラーンとしている。

父は、税金の取り立てに来た役人を斬りつけて大怪我をさせて、刑務所に入っている。弁護士は父の昔からの知り合いで、ジョンスに「お前のお父さんは優秀だった。中東に出稼ぎに行って金も稼いだ」と言う。

97年、韓国のバブルが崩壊し、IMFが介入する事態があり、この時に、多くの韓国人は中東の建築現場に働きに出た。「あの金で江南《カンナム》にでも土地を買えばよかった」。弁護士は言う。

江南は12年に「江南スタイル」という歌で世界的に有名になったソウルの高級住宅街だが、現在のように急激に高級化したのは00年代に入って、韓国のＩＴ企業だけが突出して発展してからだった。ジョンスの父が出稼ぎから帰ってきた頃は今ほど貧富の差が開いていなかった。「ところがお前のお父さんは故郷のパジュに引っ込んで、せっかく稼いだ金を農業に注ぎ込んで全部失った」。弁護士が言う。「プライドが高すぎるんだ」。農村の崩壊を父が１人で支える意気込みだったらしい。

21世紀に入って韓国政府はサムソンやヒュンダイなど大企業重視の経済政策をとり、中小企業や農業を切り捨てていった。

韓国は人口が少ない（約５０００万人）ので、大企業はアメリカや中国への輸出を拡大しないとならない。その代わりにアメリカと中国から農産物の輸入を受け入れた。それで韓国内の農業は崩壊し、農村の過疎が進んでいった。

韓国出身の父を持つ筆者は、00年代に父の故郷の農村を訪れたが、本当に人がいなかった。かつての商店街も廃墟になっていた。

ジョンスの父は必死に農業を続けるうちに借金を重ね、傷害事件で逮捕され、母は家を捨てて都会に出て行った。ひとり残されたジョンスは孤独に農業を続けている。牛小屋はあるが、そこには牛が１頭しか残っていない。

消えてしまいたい

ジョンスはヘミのアパートに通って見えない猫に餌をやり、オナニーをしてヘミを待ち焦《こ》がれる。

するとヘミがアフリカから帰ってくる。だが、アフリカで出会ったベン（スティーヴン・ユアン）という青年を連れて。

ベンはポルシェに乗ってるような金持ちだ。携帯で母親と話している。「いやあ、優秀なDNAに産んでくれて感謝するよ、ママ」。

ヘミはアフリカで美しい夕陽を見た時の体験を話す。「涙が出たわ。私は世界の終わりにいるのに違いない、って感じて」。言いながらヘミは泣いている。

「この夕陽みたいに私も消えてしまいたいと思った。死ぬのは怖いから、まるで最初から私なんて存在しなかったみたいに消えてしまいたい。私がいたことなんて誰も覚えていないように。最初から存在しなかったことにして消えてしまいたい」

猫やミカンのように。

ポルシェのベン

涙を流すヘミを見ながらベンは「僕は人が泣いてるのを見るが好きだ」と笑う。「僕は泣いたことがないからさ」。

日々泣きたい思いで暮らしているジョンスはベンに仕事は何をしていると尋ねる。「君に言ってもわからないさ。しいて言えば……遊びだよ」。

おそらく投資などのマネーゲームで莫大《ばくだい》な金を操っているのだろう。後でジョンスはこう言う。「ベンはグレート・ギャツビーだ。韓国にはグレート・ギャツビーみたいなやつがいっぱいいる」。

そんなベンがポルシェにヘミを乗せて去って行っても、ジョンスは卑屈な笑《え》みを浮かべるしかない。

ジョンスの自宅のテレビでは、「若者の失業率が増えている」というニュースが流れている。韓国の経済は大企業偏重で、中小は苦境が続き、貧富の格差が拡大している。続いて当時、大統領に就任してすぐのドナルド・トランプがメキシコとの国境に壁を築くと宣言するニュース。世界で分断が進んでいる。

たとえばブラッド・ピットが主演した『ジャッキー・コーガン』（12年）というギャング映画でも、同じようにニュースを使っている。原作はギャング同士の金をめぐる殺し合いの物語だが、監督は、テレビやラジオから、08年の金融崩壊のニュースを流し続けることで、ギャングたちにウォール街の金融業者を重ねている。

自分への供物

ジョンスは、ヘミとベンに呼び出されて江南のカフェで待ち合わせする。オシャレで無機質で無国籍な、まさに村上春樹的なカフェ。そこでヘミはベンを「オッパ」と呼ぶ（恋人への呼びかけ）。ふたりがいちゃつくのをジョンスは見せつけられる。ジョンスは『太陽がいっぱい』（60年）におけるリプリーの立場だ（137ページ参照）。

3人はすぐ近くにあるベンのマンションに行く。キッチンだけでヘミのアパートの部屋の3倍ほどの広さ。そこでベンはパスタを作りながら言う。

「僕は料理するのが好きだ。自分の欲しいものを欲しいように作れるから。神に捧げる供物《くもつ》のようなものだよ。自分で自分に捧げるんだけどね」

「供物って？」ヘミが尋ねる。

「メタファーだよ」

「メタファーって何？」

ジョンスはトイレに行く。バスルームの棚の引き出しを開けると女性向けのさまざまなアクセサリーが入っている。ヘミのものではない。ブレスレットにはM・カエラという女性の名前がある。ベンと関係がある、もしくは過去にあった女性たちのものらしい。だが、なぜ彼女たちのアクセサリーがそこにコレクションされているのか？

これらのシーンによって、『バーニング』の観客の中には、この物語が推理ものだと考えて、犯人を読み解こうとする人もいた。イ・チャンドン監督自身が無言電話のシーンなどを入れて、あたかもこれがミステリーであるかのように観客をミスリードしてもいる。だが、村上春樹の原作と同じく、『バーニング』も推理ものではない。

ベンが言うように、これはメタファーなのだ。

グレート・ギャツビー

3人は、ベンの友達の金持ち仲間とともに夜遊びをする。オシャレな店で、ヘミはまたアフリカの体験を話す。

アフリカの人たちは踊りで飢えを表現する。最初は「小さな飢え」のダンス、だんだん「大きな飢え」のダンスに高まっていく。彼らは人生の意味を求めている。

ヘミが熱心に説明している間、ベンの金持ち仲間は退屈そうだ。ベンは露骨にあくびをする。彼らは「飢え」など感じたことがないのだろう。

彼らのことをジョンスは「韓国のグレート・ギャツビー」と呼ぶが、フィッツジェラルドが描いたギャツビーは、実は田舎の貧しい家の出身だ。ギャツビーは自分の過去を完全に消去して、学歴などを捏造《ねつぞう》し、詐称して、上流階級に交じって暮らしている。だが、『バーニング』

で「田舎から出てきて貧しい過去を消した人」はベンではない。田舎を捨て、整形して過去を捨ててきたヘミなのだ。

田舎に帰ったジョンスが野良《のら》仕事をしていると、ベンがポルシェで訪れる。

「ベンが『パジュを見てみたい』って言うから」。ポルシェから降りたヘミが言う。

「私はこの村で生まれ育ったけれども、あとかたも見つからないわ」。パジュは過疎化が進んで、何もない土地になりつつある。

「私が7つの頃に落ちた井戸もなくなった。その時、助けてくれたのがジョンスなの。彼は覚えてないけど」

大いなる飢え

パジュの地平線に太陽が落ちて、空全体が輝く、美しいマジックアワー（73ページ）になる。ヘミはアフリカの人々のように上半身裸で、「大いなる飢え」のダンスを踊る。人生の意味を求める踊りを。

だが、彼女がアフリカで感じたのは、「最初から存在しなかったみたいに消えてしまいたい」という願いだった。ここでもヘミは踊りながら泣いている。

この場面でヘミのダンスの背景に流れるのはアフリカのビートではなく、マイルス・デイヴ

泣きながら踊るヘミ。その向こうにはためくのは太極旗だ。

ィスのモダン・ジャズ。ルイ・マル監督のフランス映画『死刑台のエレベーター』（58年）の主題曲だ。マイルス・デイヴィスがスクリーンを見ながらインプロバイゼーションで演奏した。

『死刑台のエレベーター』はジャンヌ・モロー扮する人妻が、自分の愛人に夫を殺させて、完全犯罪をもくろむミステリー。結局、失敗するので、この音楽は不吉な予兆をはらんでいる。

ヘミが踊る背景に、韓国の国旗、太極旗《たいきょくき》がはためいている。もちろんそれは偶然ではない。ジョンスの父が掲げた旗だ。

ジョンスの父は愛国者だった。兵役の際の写真を誇らしげに飾っていることでそれが示される。田舎に残って農業を続けようとしたのも、彼なりの愛国心で、韓国という国の伝統文化が滅んでしまうことへの危機感だったのかもしれない。

再注入された「怒り」

「親父が嫌いなんだ」

ヘミが眠ってしまった後、ジョンスはベンとマリファナを吸いながら父親の話をする。

「親父は怒ると何もかもぶち壊してしまう」

ジョンスは大学でウィリアム・フォークナーを学んだ。それは「自分のことが書いてあるような気がしたから」と言う。

それは具体的には『納屋を焼く』(39年)という小説のことを言っている。前述したとおり、村上春樹の『納屋を焼く』は、フォークナーの『納屋を焼く』に影響を受けて書かれたものだ。

フォークナーの『納屋を焼く』は1895年を舞台にしている。主人公はサーティという少年。父アブナーは小作人だが、プライドが高く、権威に対していつも反抗し、怒りが抑えられずに地主の納屋に放火して、郡の外に追放される。そこで新しい地主の下で小作人をすることになったが、地主の豪邸を訪れて、わざと馬糞《ばふん》を絨毯《じゅうたん》に擦《こす》り付ける。その絨毯の洗浄を命じられたアブナーはわざと絨毯をボロボロにし、地主と敵対。またしても地主の納屋を焼こうとする。

つまり『バーニング』におけるジョンスの父は、フォークナーの『納屋を焼く』のアブナーにあたる。

イ・チャンドン監督自身、インタビューで、自分の『バーニング』は村上春樹の『納屋を焼く』と、フォークナーの『納屋を焼く』を合体させたものなんだ、と言っている。つまり、フォークナーの『納屋を焼く』から村上春樹が抜き取った格差に対する怒りを、村上春樹の『納屋を焼く』に再び注入したのだ。

「僕は雨みたいなものさ」

ジョンスの父が農業に執着して成功しないのを見て、母は都会に逃げた。父は、怒りのあまり母の持ち物を焼くためにビニールハウスに火をつけた。

「僕もね、時々ビニールハウスに火をつけて焼くんだよ」

ベンが言う。「すると、まるでそこには最初から何も存在しなかったように、きれいに消えるんだ」。

「誰かのビニールハウスを焼くの？」

「もう使われていないものを焼くんだ。誰も気にしていない、忘れられたものを焼くから、警察も気にしない。韓国には使われないビニールハウスが山ほどある」

貧困層の人々はそのビニールハウスにさえ住んだ。

「まるでそのビニールハウスは僕に焼かれるのを待っているみたいに、打ち捨てられた、忘れられた存在なんだ」

ジョンスは反論する。

「それが忘れられて不要なものかどうか、君が決めるのか？」

「いや、僕が決めるわけじゃない。そのビニールハウスの運命を僕が受け止めるだけさ。善でも悪でもないんだよ。雨のようなものさ。雨は洪水を起こして人々を押し流すけど、雨が善悪を裁いているかい？」

いや、洪水で押し流されるのは、低い土地の小さな家に住む貧しい人だけだ。

同時存在

「僕はね、同時存在なんだ」

ベンは言う。

「僕は今ここにいるけれども、同時に違う場所にもいる。僕は今パジュにいるけれども、ソウルにもいる。アフリカにもいる。同時に」

この段階で、ミステリーとしてこの『バーニング』という物語を読み解こうとすることが実は無意味なことがわかる。ベンは具体的な人間ではない。何かのメタファーなのだ。象徴的、概念的存在で、韓国だけでなく、世界中どこにでも存在する何かである。

「次に焼くビニールハウスはもう決めた」

ベンは言う。

「それはすごく近くにある。君には近すぎて見つからないかもしれない。もうすぐ焼くんだ」

ベンが具体的なビニールハウスを意味していないことは明白だ。嫌な予感がしたジョンスは言う。

「僕はヘミが好きなんだ」

それを聞いてもベンは鼻で笑うばかり。

「ヘミが好きだって言ってるんだ！」

女三界に家無し

ジョンスはベンに焼かれないよう、近所のビニールハウスを見回りする。その間にヘミが消える。

ヘミのキャンギャル仲間らしい女性に話を聞く。農業の収穫祭のイベント会場で。

「韓国で女の子たちはうまく生活しているように見えるけれども、本当はどうなのか、誰も知らないでしょ」

彼女は言う。

「韓国の今の若い女の子たちは、実は経済的に破綻してるの。だって、女の子にはお金が必要だから」

韓国では女性に過剰に美しさを求める。だから、いい服や、化粧品や、整形に金がかかる。それに韓国の女性差別は日本と同じように過酷で、男性に比して就職先も限られ、賃金も低い。

「女三界《おんなさんがい》に家なし、って言うでしょ」

「三界」は社会全体を意味する。かつて中国、韓国、日本の家父長《かふちょう》制度の下では、女性は子どもの頃も差別されて、結婚して旦那が死んでも財産を相続できなかった。自分の息子よりも地位が低かった。

キャンギャルなどで必死に稼いでいても支出に収入が追い付かなくなる女性も多い。

「だから女の子は突然消えちゃうんだよ」

クレジットカードの破綻で夜逃げしたかもしれない。夜逃げならまだいい。00年代に日本でも報じられたが、クレジットカードのローンを抱えた女性たちが、サラ金などに手を出し、海外に送られて売春をさせられていた。その頃、日本で韓国系デリヘルが大量に発生したのはそのためだ。アメリカではマッサージパーラーの地下に不法に入国した女性たちが監禁されて売春を強制されており、国土安全保障省が全米で一斉に摘発して女性たちを救い出した。

ジョンスはベンを見つけ出し、ビニールハウスはどうした？　と聞く。「もう焼いたよ。近すぎて君は気づかなかったんだ」。

ベンはもう新しい彼女と一緒にいた。ヘミはどこに行った？

「ヘミは宙に消えたんだ。……彼女は破産していた」。ベンは言う。「彼女は家族も切り捨てて、友人もいなかった。見た目よりもずっと彼女は孤独だった。でも、ジョンス、世界中でたったひとり、君のことだけを信じていた」。

希薄になり透明になり

ジョンスはヘミの実家である食堂を訪ねる。ヘミの母と姉は「娘はクレジットカードのローンが返済できるまで家に帰れないと言っていた」と話す。

「ヘミが涸《か》れ井戸に落ちたことを覚えていますか」

ジョンスはふと聞いてみる。

「そんなはずないよ」ヘミの姉は言う。「なぜなら、もともと井戸なんてなかったから」。

存在しないミカン、存在しない猫、存在しない井戸。そしてついにはヘミが消えた。ヘミは故郷を捨て、血縁を捨て、自分の生まれついた顔も捨て、存在しない顔になって、存在しない金であるクレジットカードで服や顔や生活を買って、アイデンティティがどんどん希薄になっていった。

ヘミは見捨てられたビニールハウスに似ていた。作られた意味を失い、誰からも所有されず、誰からも忘れられた透明で空っぽな存在。その空虚を満たすために人生の意味を探したが、それも見つからず、もういっそ最初からなかったみたいに消えてしまいたいと願っていた。

それをベンが消したのだ。

アントニオーニの「消滅」

『バーニング』は、ヨーロッパではミケランジェロ・アントニオーニの映画と比較された。60年代、イタリアのアントニオーニ監督は、まさに人が失踪する、消え去ってしまうことをテーマに作品を撮っていた。

アントニオーニは60年の『情事』で世界にセンセーションを起こした。外交官の娘アンナ（レア・マッサリ）は婚約者サンドロ（ガブリエレ・フェルゼッティ）と親友クラウディア（モニカ・ヴィッティ）とシチリアの島に遊びに行くが、最初はヒロインに見えたアンナが行方不明になってしまう。

アンナをサンドロとクラウディアが捜しているうちに恋に落ちてしまい、ふたりの物語になって、消えたアンナのことは忘れ去られてしまい、行方不明事件は最後まで解決しない。アンナの失踪はミステリーとしての謎解きの対象ではなく、もっと象徴的な意味を持っている。その点で『バーニング』のヘミの消滅に通じる。

サンドロはアンナと結婚するはずだったのに、アンナを忘れてクラウディアを愛し、しかも最後に別の女性とも関係する。クラウディアはそれを知ってもあきらめたようにサンドロを受け容れる。それまでの映画では至上のものとして描かれていた「愛」が、『情事』では、孤独を癒やすための妥協の産物として描かれる。この映画で「愛の不毛」という言葉が流行語になった。

「消費」だけの実体なき生活

『情事』に続いてアントニオーニが同じモニカ・ヴィッティ主演で撮った『太陽はひとりぼっち』(62年)は「愛の不毛」をさらに掘り下げる。ヒロインのヴィットリア(ヴィッティ)は生活に不自由しない富裕層だが、人を愛する実感、生きている実感がつかめず、人生の意味を求めてアフリカに憧れる。体を真っ黒に塗って、アフリカの土着のダンスをする。ここも『バーニング』のヘミに影響を与えているようだ。

ヴィットリアは株の仲買人のピエロ（アラン・ドロン）と付き合い始める。彼は株で莫大な利益を得ている。アントニオーニは、株式仲買人を、実体のないものの上がり下がりで稼いでいる空虚な職業として描いている。『バーニング』のベンが「遊びだよ」と言うように。

ヴィットリアとピエロは裕福な美男美女同士でオシャレに恋をするが、彼女は、これが愛なのかどうかどうしても不安がぬぐえず、「もし本当に愛しているなら、明日この場所で会いましょう」と約束をする。ピエロも「わかったよ。愛している。明日、会おう」と約束する。ところが翌日、その場所にはふたりとも現われない。カメラは空っぽの都会の、砂を噛むような潤いのない風景をただ撮り続けて、映画は終わってしまう。消費だけで、実体のない生活の中で、愛する実感も、生きる実感も得られないうちに、存在自体が消えてしまう。

さらにアントニオーニはロンドンに行って、『欲望』（66年）を撮る。主人公（デヴィッド・ヘミングス）はファッション・カメラマンで、大成功しているが、公園で撮影した写真に殺人事件らしいものが写っていた。主人公は何があったか知ろうとして駆けずり回るが、その殺人事件自体があったのかどうかがわからない。

最後にその現場に行くと、テニスをやっている人たちがいる。しかし、ボールがない。まさに「ボールがそこにないということを忘れて」テニスをしている。最後は主人公のカメラマン自身も突然消えてしまう。

アントニオーニの作品は、現代人が、土着性や、家族や、歴史や、人間関係から分離されて、孤独になり、愛さえも信じられなくなって消滅することを描いている。

涸れた井戸

ジョンスの母親が突然訪ねてくる。幼いジョンスを捨てて家を出た母親が。彼女は16年ぶりに再会したジョンスを見て泣くでも喜ぶでもなく、「借金で追われている」と言う。「私も若けりゃ内臓だって売っちゃうんだけどね」と笑う。話をしている間もずっとスマホをいじっている。まったく「小さな飢え」だけの俗物で、人生の目的を求めていたヘミのほうがずっとマシだ。

ジョンスは母にヘミが落ちた涸れ井戸の話をすると、母は「ああ井戸、あったわね」と言う。この涸れた井戸というのは、将来がなくなった農村の象徴としてヘミと母親には見えていたのかもしれない。そして彼女たちは故郷を捨てて行った。

滅びゆく農村部、滅びゆく農業を象徴するのが、打ち捨てられたボロボロのビニールハウスで、それを見たとき、思わずジョンスも火をつけて焼いてしまおうとする。あまりにもそのビニールハウスが哀れだから。もうすでに死んでいるのに、醜い屍《しかばね》を晒《さら》しているビニールハウスを見るに耐えないから、火をつけて完全にこの世から消し去ってあげようという衝動に駆られる。

現在、韓国は本当に農村が過疎化して滅びつつあるのに、そのことに対して何も対策をしないまま打ち捨てるにまかせている。ボロボロのビニールハウスが目に入って、自分たちの罪を苛《さいな》み続けるのだったら、最初からなかったことにしたい。

そんな絶望のなかで、ジョンスにとってヘミは最後の希望だった。ヘミにとってもジョンスは故郷との最後の絆《きずな》だった。ソウルタワーの反射光が部屋に入ってくる、一瞬のシークレット・サンシャインのようなものだった。

あくび

ジョンスはベンを尾行し始める。キリスト教の教会に行き、歴史博物館に行く。韓国の長い苦難の歴史、日帝支配から朝鮮戦争から経済的発展、自分の親の世代とそのまた親の世代が苦労してきたことによって確立された自分の民族の歴史を見る。

しかし、その果てにいる現在の若者であるジョンスたちは、歴史や宗教、神、民族、伝統、土地、家族、そういったものから完全に孤立してしまって、貧困のために恋愛も結婚も出産もあきらめた「三放世代」と呼ばれている。

ジョンスはベンの家を訪れ、バスルームで、あの引き出しを開けて、ヘミの安っぽい腕時計を発見する。これでベンが彼女を殺したシリアル・キラーなのだと思う人も多いだろうが、何度も言うように、これはそういう話ではない。ヘミは殺されたのではなく、「消えた」のだ。ベンの家でパーティが始まる。ベンの新しい彼女が「中国人が爆買いするのは、お金というのは汚らわしいものだと思っているからだよ」などと話している。「韓国人はそんなことはないけど、他人のことばかり気にしすぎよね」。

整形したり、ファッションにやたらとお金をかけたり、見栄を張るためにクレジットカードで破産する韓国の女性たちのことを言っている。

彼女の話を聞きながら、ベンはまたあくびをする。飽きっぽい神は次の生贄《いけにえ》を決めたのかもしれない。

ジョンスの父は傷害で有罪になり、ジョンスは最後の望みだった牛も手放すことになる。

ジョンスのなかでベンは、ジョンスの大切なもの、農家、故郷、家族、ヘミ、すべてを奪ったこの資本主義、格差社会、時代の流れ、そういったものすべての象徴になっていく。

そして、ジョンスは父のナイフでベンを刺し殺す。

ジョンスは血のついた服を脱いで、その服をベンのポルシェに突っ込んで火をつける。ビニールハウスではなく燃え上がるポルシェを背に、全裸のジョンスは去って行く。しかし、どこに居場所があるのか。

『バーニング』は描写のリアリズムで、韓国に特有な現実を描いているように見える。だが、ベン自身が言っているように、ベン的なものは世界中に同時に存在している。

みんな「大いなる飢え」を抱えている。

#7『ザ・ホワイトタイガー』
──インドのラスコーリニコフ

2021年　インド・米国合作
監督：ラミン・バーラニ
主演：アダーシュ・ゴーラブ
ラージクマール・ラーオ

「拝啓、温家宝《おんかほう》首相殿、この度、インドの起業家に面会されると知り、このメールを書いています」

ラミン・バーラニ監督の『ザ・ホワイトタイガー』（2021年）は、インドの実業家バルラム（アダーシュ・ゴーラブ）が中国の温首相にあてた手紙として物語られる。

「私はかつて、下僕《げぼく》でした。しかし今はバンガロールで有名な起業家です。バンガロールは『インドのシリコンバレー』と呼ばれますが、これからはインドと中国の時代です。インドの真実を知っていただきたく、今から私の半生を語ります」

破竹《はちく》の経済発展を遂げたインドのサクセス・ストーリーかと思うが、違う。

「私は警察から指名手配されています。起業のためにしたことで」

そして始まるバルラムの物語は、1分先も展開が予想できないジェットコースター。笑いと悲しみと残酷と皮肉が入り混じった、ダークなダークなコメディ。

何よりも強烈なのは、インドにそびえ立つハイテクな超高層ビル群の下に、かならず路上で暮らす貧しい人々を映し出す構図。それは、陽気で楽しいボリウッド映画ではけっして見られない視点。それが、ラミン・バーラニ監督の作家性である。

罪と罰

監督のラミン・バーラニはノースカロライナに生まれ育ったイラン系アメリカ人。成人してから生まれて初めて父の故郷を訪れ、電気も水道もない村で暮らし、アメリカとの格差に衝撃を受けた。

映画作家になったバーラニは、アメリカの格差の実態をえぐる映画を作り続けた後、『ザ・ホワイトタイガー』で、インドの想像を絶する格差社会を描くことになった。

『ザ・ホワイトタイガー』の原作は08年にベストセラーになった同題の小説（邦題『グローバリズム出づる処の殺人者より』文藝春秋）。著者はインド生まれで子どもの頃にオーストラリアに移住したアラヴィンド・アディガ。彼はラミン・バーラニと大学時代からの親友だ。

ラミン・バーラニは75年生まれ、アラヴィンド・アディガは74年生まれ。アディガはニューヨークのコロムビア大学に留学し、バーラニと出会った。ふたりは映画や文学、哲学について語り合った。特にふたりがよく議論したのはドストエフスキーの小説『罪と罰』（1866年）。

まさに格差についての物語だ。

イラン系アメリカ人、インド系オーストラリア人というマイノリティであるふたりが見たインドやイラン、そしてアメリカの格差社会。彼らは『罪と罰』から出発し、バーラニは映画で、アディガは小説で、それぞれに格差を語り続けた後、ふたりの友情は映画『ザ・ホワイトタイガー』に結実した。

身分社会からの脱出

『ザ・ホワイトタイガー』の主人公バルラムは貧しい村の貧しい家に生まれたが、学校では飛び抜けた頭の良さを示し、教師から「君はホワイトタイガーだ」と呼ばれた。「極めて珍しい」という意味で。

だが、バルラムは学校を中退して家族のために働かねばならない。父は人力車の「車夫」で、バルラムの将来もそれしかないからだ。インドの職業はジャーティという集団ごとに分かれていて、人力車夫の息子は代々、人力車夫にしかなれない。結婚もジャーティの内輪で行なわれる。この社会的流動性のない制度は法律では禁じられているが、習俗として依然として続いている。

インドの政治家は「我が国は世界最大の民主主義国家」と自慢するが、実態はいまだ身分制度に支配され、最下層の者は生まれてから死ぬまで、地主たちに徹底的に管理され搾取される。だが、バルラムはそこからの脱出を図る。

バルラムは、村を支配する地主の運転手になろうとする。この部分は、99年のインド映画『Minsara Kanna』（K・S・ラヴィクマール監督。日本未公開）にヒントを得たのではないか。富豪の娘に恋をした男が運転手として入り込んで、それから自分の家族をどんどんその富豪の使用人に起用していくというコメディで、『パラサイト　半地下の家族』の元ネタとも言われた。

だが、バルラムは弱肉強食のホワイトタイガーだ。彼は前任の運転手を尾行して彼がイスラム教徒だと突き止め、イスラム嫌いの地主に密告して解雇させ、その後釜《あとがま》に座る。バルラムは、のし上がるためなら何でもするインドのラスコーリニコフ（『罪と罰』の主人公）なのだ。

太陽がいっぱい

地主とその長男は、身分の低いバルラムを汚らわしい存在として触りもしない。触る時は殴ったり蹴ったりする時だけ。

ところが次男アショクはバルラムと握手する。彼はアメリカで教育を受け、「人は生まれながらに平等である」というアメリカの民主主義を身に付けている。

貧しいバルラムと豊かなアショクの間に友情が芽生えるが……。

アショクは、身分差別を常識だと思っているインドの富裕層のなかで孤独だ。バルラムも、この身分社会をのし上がるために自分以外は敵だと思ってきた。ふたりの間にいつしか身分を越えた友情が芽生えていく。

彼らの関係には、ルネ・クレマン監督のフランス映画『太陽がいっぱい』(60年)が重ねられている。『太陽がいっぱい』の主人公リプリー(アラン・ドロン)は優秀な青年だが、貧しく、金持ちに対する憎しみを秘めている。リプリーはリゾート地で、富豪の息子フィリップ(モーリス・ロネ)に気に入られ、彼の豪邸で暮らすうちに、ふたりの間に友情が芽生えていく。

アショクの妻ピンキーはアメリカ生まれのインド系女性。彼女の父は貧しい移民で、コンビニで働いて家族を養った。インドの身分社会をまるで知らないピンキーも、アショクと同じく、バルラムを差別せず、優しくしてくれる。

だが、ピンキーは優しすぎ、美しすぎ、セクシーすぎた。ピンキーの豊かな胸の谷間は拷問のようにバルラムを苦しめる。

『太陽がいっぱい』のフィリップにもマルジュ（マリー・ラフォレ）という美しい婚約者がいて、彼女もリプリーに優しくしてくれる。それでリプリーも苦しむ。フィリップはリプリーが持っていないものを何もかも持っている。豪邸、財産、地位、美しい婚約者……。なぜ彼で、自分ではないのか。そのすべてを奪いたい……。

リプリーはフィリップを殺して、彼になり代わろうとする。

キアロスタミ、レイ、デ・シーカ

「あなた、歯を磨いたことがないでしょ」

ピンキーにバルラムは指摘される。彼の家は貧しすぎて、歯を磨くという習慣がなかったのだ。バルラムは生まれて初めて歯磨き粉を買って、恥ずかしさと屈辱と自らの境遇に対する怒りに震えながら歯を磨く。

このシーンで、バルラムは実際はカメラに向かって歯を磨く。これは、イランの名匠アッバス・キアロスタミ監督の『風が吹くまま』（99年）で、主人公のTVディレクターが髭を剃るシーンの撮り方の引用だ。

キアロスタミ監督は、バーラニ監督の父が生まれたような、電気も水道もない田舎の村の人々の生活を描き続けた。それはイラン政府が世界の眼から隠そうとしたものだったが、『風が吹くまま』のようなコメディや、子ども向け映画の体裁を取ることで、当局の検閲を免《まぬが》れた。

キアロスタミ監督に大きな影響を与えたのは、インドの巨匠サタジット・レイ監督だ。レイは50年代にオプーという貧しい少年の人生を描いた3部作『大地のうた』（55年）『大河のうた』（56年）『大樹のうた』（59年）を手掛けて世界的に高い評価を受けた。バーラニ監督もインドの貧困層の描き方でレイ監督の強い影響を認めている。

レイ監督自身は、ヴィットリオ・デ・シーカの『自転車泥棒』（48年、11ページ参照）を観て、『大地のうた』を撮ったと公言している。

そして、バーラニ自身の長編第1作『マン・プッシュ・カート』（日本未公開。05年）は『自転車泥棒』のニューヨーク版ともいえる映画だった。

屋台を押す男

『マン・プッシュ・カート（屋台を押す男）』の主人公はアフマドという30代のパキスタン系移民。

夜明け前、アフマドはプロパンガスのボンベを持って家を出る。そしてレンタル屋台の元締めの所に行って、屋台を借りて、マンハッタンのビジネス街へと押していく。コーヒーを淹《い》れ、ベーグルを用意し、出勤してきた背広姿の白人たちに朝食を提供する。

働き続けるアフマドを、バーラニは極端な「寄り」で撮り続ける。屋台を押す場面以外では「引き」がないので、観客には周囲の様子がわからない。ほとんどがアフマドの顔だけだ。そのアフマドはなぜか始終うつむき加減で、客の眼を見ようとせず、内側に引きこもったまま働き続ける。

彼はどうしてここでこうして働いているのか？

『マン・プッシュ・カート』は、ラミン・バーラニ監督が、マンハッタンの屋台で働く人々を見て、彼らはいったいどんな人生を背負っているのかと疑問に思ったところから始まったという。バーラニは実際に彼らにインタビューを重ね、聞き集めたエピソードを繋ぎ合わせてアフマドの物語を作り上げていった。

シジュフォス

「君、もしかして……」

コーヒーを買ったパキスタン系のビジネスマンがアフマドの顔を見て言う。

『マン・プッシュ・カート』より。巨大なカートを押しながらマンハッタンの車道を行くアフマド。

「昔、パキスタンでアルバムを出したこともあるロックスターだろ？」

アフマドを演じるのはアフマド・ラズヴィというパキスタン系の俳優。彼は実際にロックミュージシャンだった過去があり、バーラニはそれをシナリオに反映させた。

だが、アフマドはとてもバンドマンには見えない。いつも無口で暗い目をして、パキスタン系の友人にカラオケに誘われても、下を向いたままマイクを握ろうともしない。

実は彼は、妻を若くして失くした傷が癒《い》えていない。幼いひとり息子は妻の両親が引き取っており、アフマドに充分な収入がないという理由で親権を奪われている。息子と暮らすためには自分の屋台を買って独立したい。その金を貯めるため、アフマドは黙々と働き続けている。

アフマドが重たい屋台を押していく姿を、バーラニは真正面から捉える。望遠レンズなので遠近感がなくなり、アフマドが必死に押しているのに、まったく進んでいないように見える。

バーラニは「アフマドはシジュフォスだ」と言っている。ギリシャ神話で、神に逆らった男シジュフォス（シーシュポス）は、大きな岩を坂の上まで押していく刑罰を受ける。頂上まで岩を押してもまたゴロゴロと転がって下に落ちてしまい、永遠に坂を往復し続けなければならない。作家アルベール・カミュはこの終わりのない刑罰を人生そのものだと語っている。

盗まれた屋台

アフマドのミュージシャン時代を知っていたムハマドは自宅の高級コンドミニアムにアフマドを招く。アメリカのインド、パキスタン系は医者、科学者、金融などで成功した富裕層も多い。ムハマドも証券マンらしい。

「いつでも好きなときにこの部屋に寄りなよ」

ムハマドはアフマドを親友として扱う。『太陽がいっぱい』のモチーフはすでにここにある。

また、アフマドは街角のニューススタンドで働くスペイン人の女性ノエミとも親しくなる。

だが、亡《な》くした妻が忘れられずに躊躇《ちゅうちょ》していると、ムハマドがノエミと付き合いだしてしまう。

アフマドはムハマドに頼まれて金融関係者のパーティの手伝いをするが、そこでムハマドとノエミがいちゃつくのを目の当《ま》たりにする。アフマドはたまらず、パーティをほっぽり出して家に帰ってしまう。

さらにアフマドは、息子のためにオモチャを買おうとして屋台から目を離した隙《すき》に、何者かに屋台ごと盗まれてしまう。屋台を弁償したら、屋台を買うための貯《たくわ》えは消えてしまう。屋台を捜してマンハッタン中を駆け回るアフマド。デ・シーカの『自転車泥棒』で、盗まれた自転車を捜してローマ中を駆け回る父親の焦り、怒り、悲しみが蘇る。

途方に暮れたアフマドはムハマドに泣きつく。しかし、ムハマドはパーティを放り出したアフマドを許さない。「お前なんか友だちじゃない。お前は俺と付き合うような人間じゃないんだ」と、アフマドを切り捨てる。

何もかも失ってしまったアフマド。商売仲間に店番を頼まれる。客のひとりが「ここのコーヒーが大好きなんだ。いつもありがとう」と優しく声をかける。そんな小さな救いで映画は終わる。

夢をかなえろ

バーラニ監督は『マン・プッシュ・カート』の撮影中、マンハッタンの対岸ブルックリンにチョップ・ショップと呼ばれる自動車修理工場が並んでいる通りがあると知った。そこでは盗難車を解体して部品を調達する、犯罪紛《まが》いのことが平然と行なわれている。まるで『マッドマックス／サンダードーム』（85年）のバータータウンだ。

そこでバーラニは長編第2作『チョップ・ショップ』（日本未公開。07年）を撮影した。

主人公アレハンドロと姉のイザマルは両親に捨てられたストリートキッズ。2人でチョップ・ショップの2階に居候《いそうろう》している。

アレハンドロとイザマルの姉弟はオーディションで選ばれた少年少女だが、それ以外の登場人物たちはみんな実際にチョップ・ショップで働く人たちだ。

彼らは演技ができないので、現場ではだいたいシチュエーションだけを教えて、基本的にアドリブで撮影された。リハーサル中もカメラを回して、カメラの存在をなるべく意識させないようにした。クロエ・ジャオ監督（#3）の手法と同じだ。

鉄の地獄のようなチョップ・ショップ通りの向こうに見えるのは、大リーグのニューヨーク・メッツの本拠地シェイ・スタジアム（現在はシティ・フィールドに移転）。「Make Dreams Happen（夢をかなえろ）」というモットーが大きく書かれてある。

アレハンドロの夢はお金を貯めてフードトラックを買って、普通の生活をして、イザマルに売春をやめさせること。

『マン・プッシュ・カート』と同じく、『チョップ・ショップ』のアレハンドロもすべてを失い、最後に小さな幸せを得て幕を閉じる。

それはカミュが『シーシュポスの神話』で書いた考え――人生が無意味な苦役なら、その苦役そのものを楽しみにするしかない――を映像にしたように見える。

だが、バーラニは、そんな慰めの先へと進んでいく。

グッバイ、ソロ

3作目『グッバイ、ソロ』(08年)は、ラミン・バーラニが生まれ育ったノースカロライナ州セイラムが舞台。

主人公はソロというセネガル出身のタクシー運転手。ある日、ウィリアムという白人の老人を乗せる。ウィリアムは「10月20日にブローイング・ロックの国立公園に連れてってくれ。帰りは迎えに来なくていいから」と奇妙なことを言う。

ブローイング・ロックは断崖絶壁で自殺の名所と言われている場所。ウィリアムがそこで自らの命を絶つ気だとソロは気づく。気のいいソロはウィリアムに自殺を思いとどまらせようと、その後も彼に付きまとって友だちになろうとする。

『グッバイ、ソロ』はアッバス・キアロスタミ監督の『桜桃《おうとう》の味』(97年)にヒントを得ている。自殺志願者の中年男が、手伝ってくれる人を探す話だ。

ソロはメキシコ系の妻と、彼女の連れ子のアレックスと暮らしている。ウィリアムのことが心配になったソロは、ウィリアムを無理に自宅に誘って、一夜の宿を貸す。ウィリアムは徐々にソロに心を開き、またアレックスもウィリアムに懐《なつ》く。しかし、ソロは、ウィリアムと親しくなるにつれて、彼の心の傷の深さを知ってしまう。

自殺決行日とされる10月20日、ソロはウィリアムとアレックスを連れてブローイング・ロック公園に行く。ソロはアレックスに「ウィリアムおじいちゃんはここで人に会う用事があるんだ。だから、ひとりにしてあげよう」と言って、彼を置いて去る。

それは、ウィリアムに対するソロの思いやりだった。

『グッバイ、ソロ』で描かれた、運転手と乗客の関係は、『ザ・ホワイトタイガー』のバルラムとアショクのそれに繋がっていく。

チェイス・ザ・ドリーム

ラミン・バーラニ監督は、12年に初のハリウッド・メジャー作品『チェイス・ザ・ドリーム』を手掛ける。州のほとんどすべてがトウモロコシ畑になっているアイオワ州を舞台にした、大規模農場の経営者とその一家の物語である。

邦題『チェイス・ザ・ドリーム（夢を追いかけろ）』は、『チョップ・ショップ』のスタジアムに掲げられた「Make Dreams Happen」に通じるが、内容は、アメリカン・ドリームの醜い実態をえぐり出している。

主人公ヘンリー（デニス・クエイド）は、自分のトウモロコシ農場を拡大することだけを生きがいとしており、そのためなら手段を選ばない。

冒頭、彼は農家の葬式にズケズケと乗り込んで、悲しんでいる遺族に２００エーカーの農地を買い取ろうと持ち掛ける。原題のAt Any Priceは「金に糸目は付けない」という意味だ。

そんな血も涙もないやり方に辟易《へきえき》した長男ディーン（ザック・エフロン）に、ヘンリーは「男は何かを欲望することをやめたら、男として終わるんだ」と言ってのける。

「俺は今、３７００エーカーの土地を持っているんだ！」と豪語するヘンリーの信条はこうだ。「Expansion or Die（拡張しなければ死ぬ）」。それはアメリカのトウモロコシ農家の現実だ。

アメリカでトウモロコシの値段は極端に安く、約30キロでわずか3ドル、３００円にしかならない。その理由はあまりに大量生産されるから。全米のトウモロコシ農地の総面積は日本の総面積よりも広く、さらに機械化や農薬で効率もよくなり、なんと年間3億トン以上が生産される。

ただ、機械化などのコストが莫大なため、たとえ10億円を売り上げたとしても実際の純益は

10分の1の1億円しかない。超薄利多売だから、ひたすら小規模の農家を呑み込んで拡大するしか生き残る道はない。

アメリカでは毎年の売り上げが１００万ドル、1億円以上の農家を大規模農場としている。92年から15年の間に大規模農場が増加し、反対に小規模農家は減少していった。現在、1億円以上の売り上げのある大規模農家は、アメリカの農業全体の4％しかいないが、そのわずか4％が農業全体の売り上げの3分の2を独占している。

GMO

ヘンリーは、泳ぐのをやめると死んでしまうサメのようなもので、つねに追い立てられている。焦った彼はとうとうトウモロコシの種の再利用に手を出してしまう。トウモロコシは他の植物と同じく、収穫した種を蒔《ま》いて育てれば、翌年はそれを収穫できる。でも、ヘンリーがそれをすると犯罪になる。

そのトウモロコシは大企業が作ったＧＭＯ（遺伝子組み換え農作物）で、勝手にその種を蒔くと知的財産権の侵害になるからだ。

「アイオワのトウモロコシ農家の93％がＧＭＯを使っている」

そんな台詞がある。大規模農場が増加した原因に、遺伝子組み換え農作物がある。遺伝子を組み換えられて、虫がつかず、デンプン量の多いトウモロコシが作られた。農薬を撒《ま》く必要がないため安全で、作付《さくづけ》面積当たりの収穫量は増大したが、GMOは、それを開発した大企業の商品であり、知的財産権で守られている。だから、農家は毎年新しい種を買わなければならず、結果的に莫大《ばくだい》なコストがかかってしまう。

GMOの9割を独占した大手モンサントはそうして各地の農家に訴訟を起こし、悪名を轟《とどろ》かせた（18年、同社はドイツの製薬会社バイエルに買収された）。

法律を盾にして利益追求にひた走る大企業によって自転車操業を強《し》いられたアメリカの農家、ヘンリーはその象徴だ。

モンサント（劇中では違う社名になっている）は、ヘンリーがGMOのトウモロコシの種をこっそり使っているのでは、と調査を始める。モンサントから訴えられたら多額の賠償金を支払う羽目になる。ヘンリーは誰か密告者がいるはずだと考える。

折られた夢

ヘンリーは長男ディーンにとってのダース・ベイダーだ。自分の後を継げ、勝つためならダークサイドも厭《いと》わぬ強さを持て、と絶えずプレッシャーをかけてくる。

父に反発するディーンの逃げ道はストックカーレース。改造した市販車で行なう、南部や中西部で人気のあるレースで、ディーンは父の呪縛から解放されるためにレーサーになることを夢見ている。

ディーンは2軍リーグを勝ち上がり、ストックカーレースの最高峰、NASCAR《ナスカー》のデビュー戦が決まった。

しかし、NASCARは厳しかった。古参のレーサーたちは様々な走行妨害を仕掛けてディーンを潰そうとする。ディーンは恐怖心に負けた。アクセルを踏む力を緩《ゆる》めて無様《ぶざま》な結果に終わった。そしてレース後、自己嫌悪からディーンはトウモロコシ畑に立つ大木に突っ込んで重傷を負う。

ヘンリーはディーンを励まそうとして、レースカーをプレゼントする。なんでも金で解決できると思っているのだ。それを見たディーンは「もう、いらない。車は返してくれ」と静かにつぶやく。自分の限界を知ったディーンは夢をあきらめ、ヘンリーのために働くことになる。

セールスマンの死

バーラニ監督は、ヘンリーは、49年にアーサー・ミラーが発表した戯曲『セールスマンの死』の主人公ウイリー・ローマンをモデルにしたと言っている。

ウイリー・ローマンは63歳のセールスマン。学歴はないが、精力的にアメリカ中を駆け回って様々なものを売ってきた。ふたりの息子に対しても幼い頃から「勝つこと」を教えてきたのだが、ふたりとも成人しても自立できずにいる。「勝つ」という価値観ばかりを押し付けて、プレッシャーをかけ続けてきたことが原因だった。

自分自身が息子たちの人生を駄目にしてしまったと知ったウイリー・ローマンは、家族に対してせめて生命保険を残そうと自動車事故を装《よそお》って自殺してしまう。

「だが、ローマンと違ってヘンリーは反省しない」

バーラニは言う。

ヘンリーはGMOの件を密告したのは、ライバルの大規模農家であるジョンソン一家ではないかと疑う。

ディーンは、父を助けようとして、ジョンソン家に抗議しに行き、長男ブラッドと言い争いをしているうちに、誤って死なせてしまう。

それを知ったヘンリーは、トウモロコシ畑にブラッドの死体を埋めて隠蔽《いんぺい》する。3000エーカーもある畑だから、見つかる恐れはない。

跡継ぎであるブラッドが行方不明になったことでジョンソン家は崩壊する。最終的にヘンリーはジョンソン家の土地も乗っ取り、父子でその地域の農地を独占するという夢をかなえる。『チェイス・ザ・ドリーム』という邦題がなんとも皮肉に聞こえる結末だ。

ドリームホーム

『チェイス・ザ・ドリーム』に続くバーラニ監督作『99 Homes』(14年)も、邦題は『ドリームホーム　99%を操る男たち』と「ドリーム」をつけられた。今回の邦題も皮肉でしかない。「99%」とは、08年の金融危機の際によく言われた言葉で、「庶民」を意味する。というのも、アメリカの上位1%の富裕層がアメリカのすべての富の30%を支配しているからだ。

『ドリームホーム』の舞台は08年頃のフロリダ。主人公デニス(アンドリュー・ガーフィールド)は亡き父の跡を継いでフリーランスの大工をしている。04年あたりからアメリカでは住宅バブルが起こり、新築や改築ブームで建築業は大忙しになった。デニスは高価な大工道具をそろえるために銀行から資金を借りたが、08年に住宅バブルは崩壊し、大工仕事は消え失せた。デニスは借金を返せず、自宅を差し押さえられる。

家の明け渡しの期日、やって来たのは、銀行から立ち退き交渉を請け負っている不動産業者カーヴァー(マイケル・シャノン)。彼は保安官を連れて現われ、立ち退きに抵抗するなら逮捕すると警告する。カーヴァーが連れてきた作業員たちが、デニス家の中にある物を片っ端から外に放り出す。デニスは自分のトラックに乗るだけの物以外はあきらめなければならない。

デニスは母(ローラ・ダーン)と息子と3人でモーテルに入る。他の泊まり客も、家を差し押さえられた家族ばかり。みんな「サブプライム・ローン」の被害者なのだ。

サブプライム・ローン

サブプライム・ローンとは「プライム（優良）でないローン」という意味で、アメリカでは00年代後半に銀行が乱発した、低所得者向けの住宅ローンのこと。

従来、住宅ローンを組むには審査が厳しかった。筆者が01年にアメリカで初めて家を購入した際には、銀行の残高証明、ここ数年の収入証明、会社員である妻の年収証明を提出しても、なかなか審査を通らず、市が住民を増やすためにしていた住宅援助を別に借りて、頭金20％を払うことでやっとローンが組めた。

ところが04年くらいから、審査が緩くなった。貯金がない、収入がない人にも銀行は住宅ローンを乱発した。頭金はいらない、利息もつけないと言って。

銀行としては、そのローンは債権として別の証券会社に転売するから、客が払えなくたってかまわないのだ。ウォール街では、それらの危険なローンをまともな金融商品に混ぜて販売した。これで、家を持つことをあきらめていた低所得の人々も先を争って家を買った。

だが、サブプライム・ローンには罠《わな》があった。最初は払わないですんだ頭金や利息が、2年目から返済額に上乗せされた。それはあらかじめ条件に入っていたが、銀行は相手がちゃんと理解できるように説明しなかった場合も多かった。

07年から支払いの滞りが始まり、08年にすべては崩壊した。甘い笑顔でローンを乱発していた銀行は、正体を現わして容赦なく家を差し押さえにかかった。

特にフロリダでは差し押さえられた人の数は膨大で、09年に全米で差し押さえられた家は280万戸で、そのうちフロリダは約6分の1の51万戸だという。

1日1000件の差し押さえ

バーラニ監督は実際にフロリダに赴《おもむ》き、家を失ってモーテルに暮らす人々に取材して回った。また、家から立ち退かせる不動産業者や保安官にも同行した。その取材対象はみんな、本人役で『ドリームホーム』に出演している。

「立ち退かせ屋」カーヴァーは足首のホルスターで拳銃を携行している。バーラニが取材した不動産業者が実際にそうしていたからだ。銃撃戦に備えて。

家を差し押さえられた人たちは、それまでローンとして払い続けた金額も、住む家も失って放り出される。だから、立てこもって明け渡しを拒否する人も少なくない。銃社会アメリカでは、銃で武装して籠城《ろうじょう》する人もいる。カーヴァーが立ち退かせようとしたひとりは自分で頭を撃って自殺した。

差し押さえられる側にも言い分がある。ローン契約時の説明が不充分だった、もう少し猶予してくれれば払える等。だが、当時のフロリダでは1日に1000件以上もの差し押さえに関する案件が裁判所に殺到しており、劇中で描かれるように、裁判官は1件あたり数十秒でベルトコンベアー式に処理していた。差し押さえされる側の申し立てなど、誰も聞いてはくれなかった。

悪魔の下回り

デニスを立ち退かせたカーヴァーは、「俺の下で働かないか」と囁《ささや》く。「そうすれば金を稼げて、家を取り戻せるかもしれないぞ」

住宅バブル崩壊で大工の仕事も失ったデニスは、憎むべきカーヴァーの誘いに乗って、立ち退かせ屋として働き始める。

デニスは、水道や電気を止めたり、エアコンの室外機を取り外したり、あらゆる手段で住人を追い出す。かつての自分とよく似た人々を。

ただ、家を明け渡した人には当面の生活資金として銀行から3500ドル（約36万円）が出る。ところがデニスは「銀行から預かっているのは2500ドルだ」と偽って、1000ドルをかすめ取ってしまう。それを知ったカーヴァーは叱るどころか、「お前もこの商売が分かってきたみたいだな」と邪悪に微笑んで肩を叩く。

カーヴァーの哲学は弱肉強食だ。彼は言う。

「アメリカは大企業が潰れても、政府が資金援助して救済する。それらは彼らが勝つ見込みがあるからだ。代わりに敗者には誰も援助しない」

08年の金融危機でも、中小企業が次々と潰れていくなか、大企業だけは政府による支援で救われた。「Too big to fail（潰れるには大きすぎる）」という言葉があるように、大企業はその規模ゆえに、破綻すると国の経済への打撃が大きすぎるからだ。

「ノアの箱舟に乗れるのは限られた者だけだ」

カーヴァーは言う。カーヴァーの父親も大工だったが、怪我で職を失ってしまい、貧しさの中でわびしく死んでいった。「だから俺は絶対に負けないことにしたのだ」。

カーヴァーは『チェイス・ザ・ドリーム』のヘンリーに似ている。カーヴァーは、父のいないデニスにとって生き残り術を教えてくれる父親代わりであり、カーヴァーもデニスのことを実の息子のように可愛がる。

この関係性はオリバー・ストーン監督が87年の金融バブル時に作った映画『ウォール街』を思わせる。チャーリー・シーン演じる青年バドが、マイケル・ダグラス扮する強欲な株式取引人ゲッコーを父親のように崇《あが》めて、彼と同じようにインサイダーなどの汚い取引に手を染めていく。

バーラニ監督は「『ファウスト』のようだ」と言う。ドイツの説話『ファウスト』で、主人公ファウストは悪魔メフィストフェレスと契約を交わして自分の欲望を満たそうとする。デニスは立ち退かせ屋として成功し、家を取り戻すどころか、何倍も大きな豪邸を手に入れる。

だが、変わり果てたデニスは母親に見捨てられてしまう。ここからデニスは自分の過ちに目覚めて、カーヴァーと対決する。

本当の悪夢

このように、ラミン・バーラニ監督は、ジャーナリスティックに取材した格差の現実を、ひりひりするような人間ドラマに凝縮させてきた。その集大成といえるのが『ザ・ホワイトタイガー』だ。

主人公バルラムは、地主一家から踏みにじられた挙句、逆襲に出る。それは「ご主人様」であり、ただひとりの親友であるアショクを殺すことだった。バルラムはアショクを殺して奪った金で、バンガロールで起業する。

バンガロールではアメリカのIT企業の下請けとして企業が24時間フル活動しており、夜勤で働く人たちのためにタクシーが必要とされる。バルラムはタクシー会社を立ち上げて大成功する。

バルラムは『罪と罰』のラスコーリニコフのようにアショクを殺したが、ラスコーリニコフのように反省はしない。ラスト、バルラムはカメラに向かってこう言う。

「のし上がろうとした男がご主人様を殺して、そのあとご主人様を殺した罪悪感に苛《さいな》まれる。それがこの手の映画における悪夢だろ？」

でも、それは違うとバルラムは言う。

「本当の悪夢とは、ご主人様を殺さなかった世界だ。ご主人様を殺さないでいつまでも召使いとして屈辱の中で生きていくこと。それこそが悪夢じゃないか！」

タクシー会社の従業員たちが白い服を着て並び、静かな怒りの眼でカメラを見つめて、この映画は幕を閉じる。彼らはみんな、この理不尽な社会に牙を剝《む》こうとするホワイトタイガーなのだ。

＊本章の、バーラニの発言は13年4月24日、ロジャー・エバートのインタヴューに拠《よ》る。

#8『ロゼッタ』

――格差と貧困を描く「ダルデンヌ・スタイル」とは

1999年　ベルギー・フランス合作
監督：リュック・ダルデンヌ
ジャン＝ピエール・ダルデンヌ
主演：エミリー・ドゥケンヌ

格差と貧困の映画を論じるにあたって、ベルギーのダルデンヌ兄弟を外すことはできない。

ダルデンヌ兄弟の、一見地味だが、考え尽くされた手法は、クロエ・ジャオやラミン・バーラニなどにも大きな影響を与えている。

その手法、彼ら自身の命名による「ダルデンヌ・スタイル」は、彼らの3本目の長編劇映画『イゴールの約束』（96年）で確立された。

ダルデンヌ・スタイル

主人公の少年イゴール（ジェレミー・レニエ）は、自動車修理工場で働いている。老婦人のオーバーヒートした自動車を見てやる。

「あら、お財布がないわ」

「泥棒が多いから気を付けなよ」

老婦人が去ると、イゴールはポケットから盗んだ老婦人の財布を取り出し、中の金だけ抜き取って、財布を店の裏の地面に埋める。

親方が溶接のしかたを教えてやると言う。イゴールはちょっとバーナーを持っただけで「あ、時間だ。行かなきゃ」と言って出ていく。親方は「いつも終業時間に帰っちまうな」とぼやく。イゴールは迎えに来た父（オリヴィア・グルメ）が運転するバンに乗る。バンが街中を走っていると、後ろから来た車運車（自動車を載せて輸送するトラック）がバンと並走する。2台は街外れの空き地に停まる。車運車に載った自動車から人がぞろぞろ降りてくる。ルーマニア人やトルコ人らしい。アフリカ系の、赤ん坊を抱いた若い女性もいる。

彼らは不法入国者で、イゴール父子は彼らを密《ひそ》かに廃屋《はいおく》に住まわせ、低賃金で危険で汚い仕事で働かせて、その上前《うわまえ》をはね、暖房もない部屋の家賃までふんだくっている悪徳手配師なのだ。

ダルデンヌ兄弟監督の『イゴールの約束』は冒頭約5分間で以上のことが起こる。イゴールも、彼を至近距離で追い続ける手持ちカメラもずっと動き続け、とどまることはない。ハリウッド的な派手な事件は何も起こらないが、圧倒的なスピード感があり、一瞬も目を離せない。

これが「ダルデンヌ・スタイル」だ。

工業都市の労働者の息子として

ダルデンヌ兄弟の兄ジャン・ピエールは51年、弟リュックは54年、ベルギーのリエージュ州スラン市に生まれ育った。リエージュは世界に名高いベルギー・ワッフル発祥の地。ここで兄弟は映画を撮り続けることになる。

リエージュはベルギー南部のワロン地方に属する。ワロン地方は石炭・鉄鋼を中心にした重工業で栄えたが、アメリカのラストベルトと同じく、70年代以降にベルギーの重工業は衰退し、リエージュの労働者は職を失っていった。

ダルデンヌ兄弟の父親も、52歳のときに勤めていた化学工業の人員整理で解雇されており、リエージュには労働争議の嵐が吹き荒れた。労働者問題はダルデンヌ兄弟の映画の一貫したテーマとなる。

ダルデンヌ兄弟は原子力発電所で働いて稼いだ金でカメラを買い、労働や土地開発など地元の問題を撮り始めた。そうして作られた短編ドキュメンタリーは60本に及ぶといわれる。

反骨の師匠ガッティ

ダルデンヌ兄弟は、影響を受けた映画作家にロベルト・ロッセリーニ、ケン・ローチ、チャーリー・チャップリン、サタジット・レイ、アッバス・キアロスタミ、ジョン・カサヴェテスなどを挙げているが、直接師事したのはアルマン・ガッティである。

ガッティはイタリアのアナキスト活動家の息子に生まれ、第2次大戦中はフランスのレジスタンスに参加、逮捕されて、ナチス・ドイツによって強制労働としてバルチック海の機雷撤去作業をやらされたが、脱走。イギリス空軍の特殊部隊に入ってナチと戦ったという波瀾万丈《はらんばんじょう》の経歴の持ち主。

戦後はジャーナリスト、脚本家、劇作家として活躍し、アラン・レネやアニエス・ヴァルダなど、いわゆるヌーヴェルヴァーグ左岸派のひとりとして61年に映画『エンクロージャー（日本未公開。仏語タイトルL'enclos）』を監督した。

ダルデンヌ兄弟は大学に進学したブリュッセルでガッティと出会い、彼の家に居候もしていたという。反骨の男ガッティが兄弟に与えた影響は大きいだろう。

イゴールの約束

87年からダルデンヌ兄弟は長編劇映画を撮り始めた。だが、最初の2本は批評的にも興行的にも失敗した。その理由を兄弟は「どこにカメラを置けばいいかわからなかったから」と答えている。

そこで彼らが試行錯誤の末にたどり着いた「ダルデンヌ・スタイル」で撮った映画が『イゴ

『イゴールの約束』より。イゴールは約束を守るため、邪悪な父からアシータを守ろうとする。

ールの約束』だ。

イゴールは父とともに、不法移民を建設現場で働かせる。安全対策もろくにしていないので、ブルキナ・ファソから来たアフリカ系の不法移民のハミドゥが足場から落下する。イゴールが駆けつけると、大腿部から出血が止まらない。おそらく大動脈を切ったのだろう。イゴールは賢明にもベルトで止血してやる。ハミドゥは息も絶え絶えにつぶやく。

「……家族を頼む」

「……わかった」

イゴールは約束してしまった。

ハミドゥは母国から奥さんのアシータと赤ん坊を呼び寄せたばかりだった。

倒れたハミドゥを見たイゴールの父親は救急車を呼ぼうともせず、なんと止血ベルトを外して、ハミドゥを失血死させる。そして、遺体をコンクリートで埋めて隠蔽してしまう。未亡人のアシータには「あんたの旦那は借金を抱えて逃げちまった」と嘘をつく。

だが、イゴールの中ではどんどん罪悪感が大きくなっていく。

『イゴールの約束』で、ダルデンヌ兄弟は国際的に高い評価を得た。その理由はとても劇映画を観ているとは思えない現実感、臨場感だ。

その理由は、まず、登場人物たちの大半が俳優ではなくほぼ素人であること。彼らは滑舌《かつぜつ》も悪く、劇的な表情も作れない。ダルデンヌ兄弟は出演者に台詞を覚えさせない。表情など内面的な演技も要求しない。ただ、動きだけを決めて、10回、20回と動きのリハーサルを繰り返し、カメラも彼らの動きを完璧に追えるようになってから撮影に臨《のぞ》む。

この演出方法もまた「ダルデンヌ・スタイル」の要素だ。

意図的な説明不足

ダルデンヌ・スタイルはクロエ・ジャオやラミン・バーラニに影響を与えたが、ダルデンヌ兄弟自身はケン・ローチ（#9～11）、『無防備都市』（45年）で有名なロベルト・ロッセリーニに影響を受けたと認めている。だが、ダルデンヌの撮り方は彼らよりもはるかに極端だ。

ダルデンヌ兄弟はエスタブリッシング・ショットを撮らない。一般的な劇映画において、その場面全体を見せるロング・ショットをエスタブリッシング・ショットという。そこがどこなのか、人物の位置関係はどうなっているのか、状況を観客にわからせるためのショットだ。

ところがダルデンヌ兄弟の映画にはそれがほとんどない。カメラはずっと主人公に寄り添って移動し続ける。カット割りもなく、カメラ1台の長回しだ。観客は、彼がどこにいて、何をしようとしているのか、すぐにはわからない。

さらに、状況をわからせる台詞もない。通常の娯楽映画では、台詞によって主人公たちの置かれた状況がそれとなく示される。これをできるだけ説明っぽくしないで台詞にすることが脚本のテクニックなのだが、ダルデンヌ兄弟の映画には説明のために作られた台詞が一切ない。

そのために観客は「ここはどこなんだ?」「彼は誰なんだ?」「いったい何をしているんだ?」と疑問を持ち、好奇心から映画の中に深く入り込んでいく。ダルデンヌ兄弟は「ミステリーと同じだよ」と言っている。なんでもわかりやすくする娯楽映画と逆の手法で観客の興味を引きつける。

台詞や表情に頼らない

そればかりか、ダルデンヌ兄弟の映画では、ドラマ上の決定的な場面がしばしば画面の外で起こる。『イゴールの約束』でもハミドゥが足場から落下する、その瞬間は映さず、イゴールが発見した時にはすでにハミドゥは地面に倒れている。落ちる瞬間は映画的にはある種の「見せ場」だが、ダルデンヌ兄弟は「見せる」ための場面を排除する。ある意味、反「映画」的選択だ。

反「演劇」的でもある。

ダルデンヌ兄弟の映画では、主人公が秘めたる感情を吐露《とろ》する場面がない。イゴールの心中では、ハミドゥと交わした「家族を守る」という約束、ハミドゥの死を隠す父への幻滅、ハミドゥの妻アシータへの罪悪感などが渦巻いているはずだが、彼はそれをけっして言葉や表情にしない。

その代わり、ダルデンヌ兄弟は、イゴールの服についたハミドゥの血や、ハミドゥが埋められたコンクリを見せて、イゴールの代わりに観客に罪の意識を感じさせる。

目撃者であるイゴールを、父は懐柔しようとする。金や酒や女で。息子にタトゥーまでしてやる。また、夫の真相を追及するアシータをアフリカに帰らせるため、雇った男にレイプさせようとする。

この凶悪な父をイゴールはどうするのか。観客には予想できない。

父は「ハミドゥがドイツとの国境で待っている」と言って、アシータを車で運んでやるという。実は彼女を売春組織に売り払うつもりだ。

アシータを車に乗せたイゴールは突然、逃げ出す。彼女を父から救うために。観ていて思わず喝采したくなる。イゴールの葛藤を表面に出さないことで、彼の決断のカタルシスが大きくなっている。

レジスタンス・スタイル

『イゴールの約束』で確立した手法で、ダルデンヌ兄弟は次作『ロゼッタ』（99年）を撮った。カンヌ映画祭で最高のパルム・ドールを受賞し、主役の少女ロゼッタを演じたエミリー・ドゥケンヌも主演女優賞に輝いた。まだ18歳だった。

『ロゼッタ』が描く未成年労働者の悲惨な実態は、ベルギー人にも衝撃を与え、当時成立した新法——雇用主が未成年を雇う際に大人と同じ給料を払わなければならない——は「ロゼッタ法」と呼ばれることになった。

「私をクビにしないで！」

冒頭、シャワーキャップを被《かぶ》って白衣を着た少女が、どこかの工場の廊下を早足に進んでいく後ろ姿をカメラが追いかける。

アイスクリーム工場で働いていたロゼッタが試験雇用期間が切れて解雇されたのだ。

「私を雇い続けて！」

警備員に取り押さえられたロゼッタは、壁やロッカーにしがみついて暴れ続ける。それを撮り続けるカメラは、ロゼッタの顔の側に回れない。彼女の許可を得ずに無理やり撮っているようだ。ロゼッタはいまにも振り返って「勝手に撮ってんじゃないよ！」とカメラマンを突き飛ばしかねない。

通常の映画は観客を感情移入させるために、登場人物の表情を映し出す。登場人物もカメラに対してだけは心を開く。それが当たり前だ。ところがロゼッタは撮られることに抵抗し続けているように見える。

ダルデンヌ兄弟はこの撮り方を「レジスタンス（抵抗）・スタイル」と呼んでいる。観客に見られたがらない主人公を見続ける映画なんて滅多《めった》にない。

トレーラーハウスの少女

工場をクビになった彼女はバスを降りたあと、人目をはばかるように車道を横断して林の中に入っていく。林の中の土管に隠してあった長靴を取り出して、それまで履いていたブーツと履き替えるが、なぜ、そんな行動をとるのか、最初、観客には理由が分からない。その理由が知りたくて、観客はロゼッタの行動を真剣に見つめることになる。

ロゼッタは、オートキャンプ場に入っていく。トレーラーハウスに貧しい人々が住んでいる。

カメラはひたすら少女ロゼッタを追いかけて止まない。

長靴に替えたのはそこがぬかるみで、一張羅《いっちょうら》のブーツに泥がつくからだ。

ロゼッタと暮らす母親は、この日も酒の匂いをさせている。「母さん、また身体を売ったね」。酒と引き換えに売春しているのだ。

水道やガスが止められるギリギリの生活で、ロゼッタは拾ってきた古着を母親に修繕させて、古着屋に売ってなんとか食いつないでいる。

この間、例のダルデンヌ・スタイルで、ロゼッタは休みなく動き回り、カメラもそれを追って駆け回る。

ロゼッタはトレーラーハウスの下の泥を掘ってミミズを集めると、キャンプサイト近くにあるマスの養殖場に忍び込んで、隠していた仕掛けにミミズを付けてマスを密漁する。

ロゼッタは無口で無表情のまま、悲惨なサバイバルを続ける。
先進国のはずのベルギーで。

ワッフル屋

ロゼッタは街中のあらゆる店で求職するが、相手にされない。他のダルデンヌ兄弟の映画と同じく、『ロゼッタ』は兄弟の故郷スラン市で撮影されている。工業の衰退で、就職先は少ない。

ロゼッタは、好物のベルギー・ワッフルの屋台で働きたいと願うが、ここでも断わられる。ワッフル屋の経営者を演じるオリヴィア・グルメはイゴールの父親役だった俳優。ここでも冷酷な男で、ワッフル焼きの女性が、子どもが熱を出したので休むと容赦なくクビにする。代わりにロゼッタが雇われる。解雇された従業員が必死に復職を求めるのを見ても、ロゼッタはまったく同情を示さない。

職を得て安心したのも束《つか》の間《ま》、ロゼッタが家に帰ると、母親がキャンプ場の管理人とセックスしている現場を目撃してしまう。

「うちのママは売春婦じゃないよ！」

ロゼッタは管理人を追い払い、泣きじゃくる母親をなだめる。

「もう、アルコール依存症のリハビリ施設に入れるよ」

「あんな地獄みたいなところに入れないで！」

母親はロゼッタをマスの養殖池に突き落とし、溺れかけたロゼッタに振り向きもせずに逃げ去ってしまう。必死で岸に上がったロゼッタは身も心もボロボロだ。

ムシェットとロゼッタ

『ロゼッタ』は公開時、ロベール・ブレッソン監督の『少女ムシェット』（67年）と比較された。

『少女ムシェット』は、敬虔なカトリック教徒を主人公にした『田舎司祭の日記』で知られるジョルジュ・ベルナノスの小説の映画化。ヒロインのムシェットはフランスの田舎町に住む貧しい少女。母親は病気で寝たきりで、父親はアルコール依存症で、酒を密造して暮らしている。ムシェットは差別され、陵辱され、踏みにじられる。ただ苦難に耐え続けるムシェットは、純粋無垢な、純粋な被害者として描かれる。カトリックのベルナノスにとって、彼女は殉教者だ。何もかも失って生きる望みを絶たれたムシェットは、地面をゴロゴロ転がって、そのまま池に落ちて、二度と浮かび上がってこない。

「ムシェットとロゼッタは違う」

ダルデンヌ兄弟は、ロゼッタはただ耐える少女ではない、と反論している。「ロゼッタは、社会という要塞に対して、職を求めて何度も挫《くじ》けずに挑み続ける少女戦士だ」カンヌ映画祭で審査員長を務めたデヴィッド・クローネンバーグも「とにかく主人公のロゼッタが素晴らしい。彼女は原初的な生命力そのものだ」と讃えている。

当初はコメディだった

このロゼッタの苦闘を、ダルデンヌ兄弟は、なんとコメディにしようと思っていたらしい。「最初はチャップリンの『黄金狂時代』にしようと思っていた」とインタビューではっきり言っている。

実はそれほど馬鹿げたアイデアではない。チャップリンの作品の多く、『キッド』(21年)『黄金狂時代』『モダン・タイムズ』『街の灯』(31年)など、どれも職にあぶれた主人公が職を求めて四苦八苦《しくはっく》する物語だから。仕事を失った身になれば、とても笑い事じゃない。『ロゼッタ』を喜劇にしなかったのはカメラワークだ。たとえロゼッタ役の俳優に拒否されても執拗に食らいつき、彼女の焦り、怒り、悲しみを捉え、仕事を失った身になろうとし続ける。「人生をロング・ショットで撮れば喜劇になる。クロースアップで撮れば悲劇になる」というチャップリンのテーゼは、ダルデンヌ兄弟においても生きている。

ただ、チャップリン的なコメディ要素は『ロゼッタ』にしっかり残っている。

ワッフルの屋台で働く青年リケである。

チャップリン

リケはワッフル屋の常連ロゼッタに好意を抱いている。ワッフル作りの仕事に空きが出来た時も、それを知らせたくて、ロゼッタのキャンプサイトまで追いかけてくる。

微笑むリケにロゼッタはいきなり摑みかかり、ぬかるんだ地面に押し倒す。

「なぜ私を追っかけてきたの!」

ロゼッタは自分の貧しい暮らしを誰にも知られたくなかった。だから、いつもキャンプサイトの正面口ではなく、人目につかない林の中から入っていったのだ。

母親に池に突き落とされて、ロゼッタが絶望した時もリケは「泊まっていきなよ」と、自分のアパートに招き入れる。

リケが出したビールをロゼッタはいっきに飲み干す。それほど空腹だったのだが、リケは目を丸くする。ここは当初のコメディ要素が残っている。

リケは、ロゼッタを和《なご》ませようと、「僕は実は体操選手だったんだ。床《ゆか》運動ができるんだよ」と言って逆立ちしてみせる。

さすがのロゼッタも思わずうっすらと微笑みを浮かべる。気づくと、それまでずっと目まぐるしく動き回っていたカメラが動きを止めている。

「俺、バンドをやってるんだ」

リケは自分がドラムを叩いている曲のテープを聴かせる。それがまた、どうにもヘタクソで、やっぱり笑ってしまう。リケは、『黄金狂時代』で片思いの彼女を笑わせたくてコッペパンをフォークに刺してダンスしてみせるチャップリンなのだ。

腹痛

リケは「ダンスしない？」とロゼッタを誘うが、彼女は突然、「お腹が痛い」とうずくまってしまう。ドライヤーでお腹を温めると痛みが治まるが、この映画の中で何度もロゼッタは腹痛に見舞われる。大変な病気かもしれない、早く医者に行ってほしい、と観客はやきもきする。この腹痛の原因は最後までわからない。

『サンドラの週末』(14年)でも、サンドラ(マリオン・コティヤール)が鬱病で会社を休んだせいで解雇されそうになる。だが、なぜサンドラが鬱病になったのか原因は最後まで明かされない。

サンドラが夫に向かって「あなたは私をこの何ヵ月も抱いたことがない」という台詞があり、

ロゼッタは青年リケ(右)からの好意を拒否し、裏切る。だが、リケはけっしてあきらめない。

夫婦仲が原因らしいと推測するしかない。

　原因を明確にしないことで、観客は不安になり、原因を映画のなかに探そうとする。

ムイシュキン

　リケのアパートに泊めてもらっても相変わらずむっつりのロゼッタだが、眠りにつく時にこう自分に言い聞かせる。

「私はロゼッタ。仕事がある。友だちもできた。私は見捨てられない」

　ところが彼女はクビになる。ワッフル屋の経営者が定職に就《つ》かない自分の息子にワッフル作りの仕事を与えてしまったのだ。

　たった3日で仕事を失ってしまったロゼッタ。屋台の仕事を任されているリケが急に憎らしくなる。

マスの養殖場で密漁するロゼッタ。そこにリケがやって来て、足を滑らせて養殖場の沼に落ちてしまう。ここも、なんとなくスラップスティック調で、思わず笑ってしまうが、どんどん怖いことになっていく。

溺れながら沼の底に沈んでいくリケ。彼を助けずにじっと見つめるロゼッタの無表情をカメラは撮り続ける。

「ここでリケが死んでくれたら、ワッフル屋の仕事は私のもの」

そんな心の声が聞こえてくるようだ。

だが、ロゼッタは「はっ！」と気づいて、木の枝を使ってリケを助ける。

殺されそうな目にあっても、リケはロゼッタを責めない。

ロゼッタに無償の愛を捧げるリケは、ドストエフスキーの『白痴』のムイシュキンのようだ。

ロゼッタという要塞

仕事を失ったロゼッタにリケは打ち明ける。「僕は実は家で焼いたワッフルを屋台で隠れて売ってるんだ。その売り上げを君にあげるよ」

それを聞いたロゼッタはしばらく考え込む。何かを決意した彼女は、経営者に密告する。

「リケが自分で作ったワッフルをこっそり売って小遣いを稼いでいます」

リケはクビになり、ロゼッタはワッフル売りの屋台を引き継ぐ。

「貧困者は共食いをさせられている」

ダルデンヌ兄弟は言う。貧しい人々は、経営者や資本家といった自分たちを搾取する者たちに怒りを向けず、自分よりもさらに弱い者の足を引っ張ることが少なくない。

「ロゼッタは社会という要塞に挑む戦士だ」と言ったダルデンヌ兄弟は、こうも言う。「いつしかロゼッタ自身が要塞になってしまう」。

リケを蹴落として屋台に立ったロゼッタは、自分の名前を刺繍したエプロンを着けて誇らしげに微笑む。

ギリギリの葛藤

「なぜ密告なんかしたんだ?」と問うリケにロゼッタは「あなたが溺れたとき、助けなければよかった」と言い返す。「でも、君は助けたよね」リケはロゼッタの中の葛藤を思い出させる。

ダルデンヌ兄弟の映画はいつもギリギリの葛藤の物語だ。

『息子のまなざし』(02年)の主役は、イゴールの悪辣《あくらつ》な父を演じたオリヴィア・グルメ。彼は職業訓練校の教員で、少年院で刑期を終えた少年たちに木工を教えている。ある日、オリヴィアのクラスに来た少年フランシスは、5年前に自分の息子を殺した犯人だった。その事実を隠して教師をするうちに、2人は父子のような関係に……。

『ロルナの祈り』（08年）のロルナはアルバニアからの移民で、闇ブローカーのファビオの手配によってベルギー男性のクローディと結婚をして、ベルギーの国籍を取得する。だがロルナには故郷のアルバニアに恋人がいて、彼を呼び寄せるためにベルギー国籍を取ったので、早急にクローディと離婚しなければならない。ところが一緒に住むうちにロルナはクローディを愛してしまい、なかなか離婚を切り出せない。そればかりかロルナはクローディの子どもを妊娠してしまう！

『サンドラの週末』のサンドラは鬱で工場を休んだために解雇されそうになる。上司は、他の社員にボーナスをあきらめさせれば、解雇しないでやると言う。週末、サンドラは同僚の家を回って説得する。だが、けっして豊かでない労働者たちにとってボーナスは死活問題だ。サンドラは自分の職を守るために彼らに犠牲を払わせることができるか？

こうした主人公の追い詰め方には、師匠であるアルマン・ガッティ監督の61年の映画『エンクロージャー』の影響を感じさせる。

『エンクロージャー』は第2次世界大戦中のナチス・ドイツ軍の収容所が舞台で、収容されているひとりのユダヤ人がナチスに抵抗したドイツ人と2人房に入れられる。ふたりは「24時間以内に相手を殺したら逃がしてやる」と言われる。

「あなたならどうする？」と観客につきつけるドラマをダルデンヌ兄弟は師から継承したのかもしれない。

ロゼッタを愛して

ロゼッタはリケを振り切ってキャンプサイトに帰る。地べたに酔っ払った母親が昏睡《こんすい》状態でひっくり返っていた。せっかく職を得られても、こんな母親がいたのではとても普通の生活なんて送れない。絶望したロゼッタは自殺しようとする。

ガスの栓を開き、最後の晩餐《ばんさん》にとばかり、ゆで卵を口にする。人生の最後に食べるのがゆで卵というのも、言いようのない貧しさを表わしている。

「シュー」とガスが洩《も》れ続ける音が聞こえる。ダルデンヌ兄弟の映画には基本的に音楽がない。その代わり、こうした音が強烈に観客の心に突き刺さる。

ところがその音は止まってしまう。あまりにも貧しくてガス自殺をしようにもガスが切れて死ねないという、このへんもまるでコント。

しかたなくロゼッタは管理人のところに行ってガスのタンクを買う。だが、タンクはものすごく重く、両手で抱えて一歩一歩進むのもつらい。ちなみに、ラミン・バーラニ監督（#7）の『マン・プッシュ・カート』の主人公がいつもガスのタンクを持ち歩いているのは、このシーンの引用だ。

そこにバイクの音がしてリケがやってくる。リケは無言のままバイクを吹かせてロゼッタの周りをグルグル回る。ロゼッタもリケに何も言わず、憮然《ぶぜん》とした表情でガスのタンクを抱えて、ぬかるみの中を歩いていく。「もう死ぬんだからほっといて」と言わんばかりに。

でも、家に着く前にロゼッタはタンクの重さに耐えかねてとうとう倒れ込んでしまった。タンクの上に突っ伏したまま、初めて泣く。

ロゼッタ演じるエミリー・ドゥケンヌは当時18歳で演技経験が浅かったが、ダルデンヌ兄弟は彼女に本当に重たいタンクを持たせて、このシーンを10回以上撮り直したので、本当に彼女は挫《くじ》けて泣いてしまったという。

泣いているロゼッタをリケが優しく起こす。プライドの高い彼女は涙を振り払って、また毅《き》然《ぜん》とした顔でリケを睨《にら》みつける。そこで映画は唐突にプッツリと幕を閉じる。

その後、ロゼッタが自分の心の壁を溶かしてリケのことを受け入れるのか、どうするのかは、観客に委《ゆだ》ねられている。

ダルデンヌ兄弟は『ロゼッタ』をニューヨークフェスティバルで上映する際の挨拶で、こう言っている。

「ロゼッタは自分が仕事を得るために親友を売ってしまうような人間ですが、それでも観客の皆さんにはロゼッタのことを愛してほしい。ロゼッタは誰からも愛されずに生きてきました。この映画を観た人たちが彼女を愛さなければ、彼女は生きられないのです。そして、この映画は、私たちがロゼッタを愛さなければ作ることができなかったのです[*1]」

ロゼッタを愛するのは、貧しく、愛を知らずに育ちながら現実と戦っているすべての人々を愛すること。

是枝裕和監督の『万引き家族』（#12）も、ポン・ジュノ監督の『パラサイト 半地下の家族』（#1）も、ラミン・バーラニ監督の『ザ・ホワイトタイガー』（#7）も、ロゼッタたちの物語なのだ。

＊1　ダルデンヌ兄弟のインタビューはすべて、Philip Mosley "*The Cinema of the Dardenne Brothers: Responsible Realism*" (Wallflower Press. 2013) に拠っている。

#9『キャシー・カム・ホーム』
——世論を動かした、ケン・ローチの「原点」

1966年　イギリスBBC放送
監督：ケン・ローチ
主演：キャロル・ホワイト
（日本未公開）

84歳で『家族を想うとき』（2016年、#10）を発表したケン・ローチ監督は生涯を通じて、英国の経済格差や貧困問題を描き続けた。初期の長編テレビ劇映画『キャシー・カム・ホーム』（日本未公開、66年）には、彼のすべてが凝縮されている。

それは彼が後の映画作家人生で作っていく『リフ・ラフ』（91年）や『わたしは、ダニエル・ブレイク』（16年、次章で詳述）の原型である。また、チャーリー・チャップリンやヴィットリオ・デ・シーカなど過去の映画作家の影響があり、是枝裕和《これえだひろかず》（#12『万引き家族』）やダルデンヌ兄弟（前章）など後進に与えた影響も大きい。

シェイクスピアからデ・シーカへ

ケン・ローチは36年生まれ。父は労働者階級出身だが、電気関係の工場を経営して成功していた。ケン・ローチ自身は成績優秀だったので弁護士を目指して名門オックスフォードに入学したが、演劇に魅了され、法律の勉強をやめて俳優修業を始め、シェイクスピア劇などに出演した。

プロの俳優ではなく演技未経験の素人を使ったドキュメンタリー・タッチの映画で知られるケン・ローチが舞台劇出身というのは意外だ。

だが、ある日、彼はヴィットリオ・デ・シーカ監督の『自転車泥棒』（48年、11ページ）を観て衝撃を受けた。そこには多くの商業映画が見ようとしなかった貧しい人々の生きる戦いが厳しくリアルに、だが共感を持って描かれていた。そんな映画を自分も作りたくて、ローチは映画監督を目指すようになった。

大学を出たケン・ローチはイギリスの公共放送BBCに入社し、テレビドラマの演出を始めた。そして、66年、30歳で演出したドラマ『キャシー・カム・ホーム』がイギリスにセンセーションを起こした。

怒れる若者たち

主人公キャシー（キャロル・ホワイト）は10代の終わりだろうか、車が行《い》き交《か》う道路に囲まれて、不安そうに左右をキョロキョロ見回している。生まれ育った田舎町を出て、ヒッチハイクで都会を目指している。そんな彼女の姿にPP&M（ピーター・ポール&マリー）で有名な「ファイブ・ハンドレッド・マイルス（500 Miles）」が流れる。ピーター・ポール＆マリーはボブ・ディランが公民権運動やベトナム反戦運動を歌った「風に吹かれて」をカバーしてヒットさせたフォーク・トリオ。この曲を流すことで、キャシーがベビーブーマーの若者であることが示される。

かつて世界中の多くの人々は生まれた町で働いて死んでいった。しかし、ベビーブーマーの若者たちは仕事や自由を求めて故郷を捨て、都会に行くようになった。

キャシーは都会でレジ（レイ・ブルックス）という青年に会う。レジは髪をリーゼントにして、エドワード・ジャケットという上着を着ている。それはテッズと呼ばれる当時の労働者階級の若者の間で流行していたファッション。50年から60年代のイギリスの労働者階級の若者たちの間ではテッズやモッズ、ロッカーズといった不良スタイルが流行していた。彼らは「怒れる若者たち」と呼ばれた。

「怒れる若者たち」は、56年に書かれたジョン・オズボーンの戯曲『怒りをこめてふり返れ』に基づく。当時の英国は地主たちの貴族階級と労働者階級に分かれた階級社会で、労働者の若者たちはいくら働いてもけっして豊かにはなれず、その閉塞感と怒りが高まっていた。『怒りをこめてふり返れ』の主人公も成績もよく、苦労して大学を出たのにもかかわらず、労働者階級なので、菓子屋で働くしかない。

不安そうに登場する主人公キャシー。彼女のバックに流れるは名曲「ファイブ・ハンドレッド・マイルズ」だ。

貧困地獄めぐり

『キャシー・カム・ホーム』のヒロインが結婚したレジという若者はトラックの運転手で、共働きでなんとか暮らしていこうとするが、キャシーが妊娠して働けなくなってしまう。そこにレジがトラックで事故を起こして体に障害が残ってしまい、ふたりの転落、貧困の底の地獄めぐりが始まる。

『わたしは、ダニエル・ブレイク』も、59歳の木工職人ダニエル・ブレイクが心臓病で働けなくなったところから転落が始まる。

ケン・ローチは『リフ・ラフ』でも、ビル改装工事の現場労働者たちがちゃんとした安全策もないまま危険な作業を強《し》いられ、事故で怪我をしても補償金が出ない現状を描いた。ギリギリのところで生活している労働者たちは怪我や病気でいきなり最貧困に転落してしまう。

さらにキャシーたちは、子どもが生まれることで、今まで住んでいた労働者用の安いアパートから追い出される。しかたがなく、レジの母親の住む、貧困層用の公営アパートに厄介になる。リビングひとつに寝室ひとつの1LDK。しかも、キッチンにトイレがある。

「ウンコしながらご飯が作れるよ」

いくらなんでもひどいジョーク。あまりに狭いので、キャシーと義母の仲は険悪になり、出ていくしかない。キャシーたちは子どもを抱えてアパートを探すが、見つからない。

現代の聖家族

すると、ひとりの親切な老婦人が「うちにおいでよ」と、キャシーたちを自分の経営するアパートに住まわせてくれる。

「私も若い頃は貧乏だったんだ」。老婦人は言う。

彼女は、血のつながった家族から捨てられたキャシーたちを実の子どものように助けてくれる。こうした疑似家族は『わたしは、ダニエル・ブレイク』でも描かれる。また、「食うために売春もした」という老婦人は、『ダニエル・ブレイク』で、食べ物のために売春をするシングルマザーにつながっている。

老婦人は、この映画の唯一の救いだが、突然亡くなってしまう。キャシーとレジの夫婦が次に住むのはトレーラーハウスだ。ただ、普通の家並みの大きさがあるアメリカのトレーラーハウスと違って、イギリスのそれは2畳くらいしかない。

このトレーラーハウスのキャンプは劇中では「キャラバン（隊商）」と呼ばれており、住民の多くはロマだ。ロマはインドから東欧を経て西に流れてきたとされる流浪《るろう》の民《たみ》で、しばしば「ジプシー」という蔑称で呼ばれてきた。夏はトレーラーハウスで移動しながら、お祭りで大道芸などで稼ぐが、冬は1箇所に留まって暮らすことが多い。喜劇王チャーリー・チャップリンもロマの芸人の子で、『スナッチ』（00年。ガイ・リッチー監督）で賭けボクシングをするブラッド・ピットもロマの役だ。

ロマたちは貧しいキャシーたちを受け入れてくれる。ところが周りの住民たちが「ジプシーは邪魔だ。出てけ」と石を投げ、トレーラーハウスに放火し、ロマの子どもが死ぬ事態になり、キャシーたちも逃げ出すことになる。

子どもを抱えて住み処《すか》を求めてさまようキャシー夫妻の姿には、ヘロデ王の弾圧を逃れてさまよったイエスの両親マリアとヨセフが重なるが、彼らを匿《かくま》う「良き隣人」は、老婦人とロマしかいない。

「ここから下はない」

キャシーたちは空き家を不法占拠して暮らす。これをスクォッタリング（squattering）と呼び、『リフ・ラフ』の建設労働者もそうして暮らしていた。

しかし、それも長続きせず、キャシーたちはとうとう「再定住センター」に駆け込む。つまりはホームレス・シェルターである。男女に分かれており、キャシーは子どもを連れて女性用のシェルターに入るが、そこも3週間以内に出ていかねばならない。

レジは最低賃金で働くが、アパートの入居を許されるだけの蓄《たくわ》えができない。

キャシーが入るシェルターは病院のような施設で、大きな部屋に2段ベッドが並び、ホームレスの家族が押し込められている。ソーシャルワーカーは彼女に「ここから下はないですよ」と通告する。

そこに暮らす女性たちの多くは肌が黒い。ナイジェリアなどの移民たちだ。彼らがビルや街の清掃、廃物処理などで働く姿が映し出され、「世の中に必要な仕事は実は移民によって支えられている」という会話が聞こえる。この映画が作られた65年当時、そんな事実を他のイギリス映画は描こうとしなかった。

このシェルターの食べ物はひどい。「こんな残飯みたいなもの、子どもには食べさせられない」と、キャシーはなけなしの金を出して外の店で食べ物を買ってくるが、シェルターの管理

「ここから下はない」と言われた再定住センター。

人に規則違反だと叱責《しっせき》される。彼らはまるで「看守」だ。このシェルターは貧しい人々を救う避難所ではなく、貧しさという罪を罰する刑務所なのだ。キャシーは何も悪いことなどしていないのに。

何もかも奪われて

ついに堪忍袋《かんにんぶくろ》の緒《お》が切れたキャシーは管理人に言い返す。すると「素行《そこう》不良」とされて、退所を命じられる。

「ここから下はない」と言われたシェルターを追い出されるとどうなるのか。

ソーシャルワーカーは言う。「あなたたちには子どもを養育する能力がないから、お子さんたちは孤児院に送られます」。

なぜキャシーがそんな罰を受けねばならな

いのか。罰せられるべきは不備なセーフティネットしかない社会じゃないのか。

キャシーはソーシャルワーカーに子どもを奪われてしまう。ソーシャルワーカーは「子どものためだ」と言う。「あなたのような母親には子どもは任せられない」。

子どもを連れて逃げようとしたキャシーは、駅でソーシャルワーカーたちに見つかってしまう。子どもを無理やり引き離されるキャシーの叫びが構内に響く。

「私の子を取らないで！　私、何もしていないのに！」

それが事実なのを観客は知っている。彼女は母親として精一杯頑張ってきたのだ。

ドキュメンタリーにしか見えない

『キャシー・カム・ホーム』は脚本家ジェレミー・サンドフォードがホームレスの実態を調べて、長年にわたって調査して、それをシナリオにまとめたドラマだ。

しかし、どう見てもドキュメンタリーにしか見えない。ドキュメンタリーに見えるように作られたからだ。

まず撮影は、粒子の粗《あら》い16ミリ・フィルムが使われ、手持ちで不安定に揺れ続ける。映画らしい「キメキメの構図」がない。ピントすら合ってないこともある。主役であるキャシーが、他の障害物に遮《さえぎ》られて見えなかったり、影で顔が黒く潰れていたり、そんなショットの連続。

だが、それは意図的だ。

さらに編集では、ほとんどのシーンが、キャシーがなにかの行動をしている途中から始まって、行動の途中で終わる。たとえば、彼女とレジが話すシーンでは、ふたりがすでにしばらく前から話し合っている状態から始まり、話の内容が全然わからないまま途中で終わる。台詞にはさまざまな人々の名前が出てくるが、それが誰だかさっぱりわからないし、後で出てくるわけでもない。いわゆるスライス・オブ・ライフ（現実の生活の切り取り）だ。

それに台詞。シェイクスピア俳優を目指していたケン・ローチだが、『キャシー・カム・ホーム』には、芝居がかった台詞、ドラマチックな台詞が一切ない。主語述語のそろっていない断片的な台詞が多い。

ケン・ローチは、俳優たちにシナリオを読ませず、時間の流れどおりに「順撮り」する。だから、俳優たちは自分の演じるキャラクターがこれからどうなるのか知らない。キャシーが驚くシーンでは俳優が本当に驚いていたりする。

そして演出。キャシーを演じるキャロル・ホワイトなど主要な登場人物は俳優だが、普通の劇映画と違って、彼らは台詞をよく嚙《か》む。それは俳優に台詞を暗記させず、アドリブで話させているからだ。

シナリオを読ませない

ケン・ローチの生涯を描くドキュメンタリー映画『ヴァーサス/ケン・ローチ映画と人生』(16年)では、同年の『わたしは、ダニエル・ブレイク』撮影中の俳優たちが「台詞は全然入ってないよ」と語っている。「シナリオも読んでない。その日に撮影現場に行くと、シーンの意味を説明されるんだ」

スペイン内戦を描いた『大地と自由』(95年)で、人民戦線に参加した主人公が愛した女性が、クライマックスでスターリン主義者にいきなり射殺される。撮影現場でローチは女性を演じる女優と彼女を殺す俳優にだけ展開を伝え、彼女の衣装にこっそり弾着《だんちゃく》(着弾した部分から血が噴き出しているように見せる装置のこと)を仕掛けて、本番でいきなり射殺した。だから、主人公たちがショックを受けているのは演技ではなく、本当なのだ。

『ケス』(69年)は、貧しい少年ビリーがハヤブサを飼う物語で、彼が学校で教師から教鞭で手を打たれるシーンがある。そのシーンでローチは子役たちに知らせずに、本当に手を叩いている。子どもたちの流す涙は本物だ。

ケン・ローチ映画のひりひりするようなリアリズムはそうした方法で撮られている。

ダイレクト・シネマ

ケン・ローチが目指したのは「ダイレクト・シネマ」だという。ダイレクト・シネマはドキュメンタリーの手法で、カメラの存在をできるだけ消し去る。「壁にとまったハエの視線」と言われるように、被写体は撮られていることを意識していない（その逆がシネマ・ヴェリテ。被写体がカメラを見て話しかけたりする）。ダイレクト・シネマはその名の通り、観客がカメラ無しで被写体を直接見ているように撮影し、編集することで、被写体の体験を観客に共有させる。

経験のない人は、ホームレスは怠惰《たいだ》だと考えがちだ。自業自得だ、自己責任だと。だがキャシーはまったく怠惰ではない。真面目な働き者で、子どもを育てるために必死だ。それなのに、「持たざる者」にとって人生は綱渡りで、ちょっと風が吹いただけで、その綱から地獄に落ちてしまう。その悲惨さ、理不尽さを、『キャシー・カム・ホーム』は言葉で説明するのではなく、映像でダイレクトに体験させる。

ただ、あまりにもリアルすぎた。『キャシー・カム・ホーム』がBBCで初放映されると、多くの英国人がこれをドキュメンタリーだと思い込んだのだ。

キャシー論争

放映後、キャシーを演じた女優キャロル・ホワイトは道を歩いていて何度か通行人に呼び止められたという。

「見たわよ、あなた、大変でしょう。お子さんに会いたいでしょう。これしかあげられないけど、このお金でご飯でも食べなさい」などと言われて、現金を持たされた。

まるでウェルズの『宇宙戦争』事件だ。38年、オーソン・ウェルズはH・G・ウェルズ原作の『宇宙戦争』をラジオ・ドラマとして放送した。ただ、音楽番組の途中に臨時ニュースが入り、火星人による地球攻撃を報道するという体裁を取ったため、本当のニュースだと思った人々がパニックを起こしたのだ。

『宇宙戦争』パニックは一晩で終結したが、『キャシー・カム・ホーム』はそうではなかった。「キャシーを救え！」の声は次第に大きくなり、ついには当時の労働党政権がケン・ローチを呼んでホームレス問題について意見を聞くまでになった。ケン・ローチは1作目で、狙ったとおりに映画で社会を動かした。

だが『キャシー・カム・ホーム』の手法は批判も受けた。「ドキュメンタリーを装《よそお》って、事実とフィクションを混淆《こんこう》している」「フィクション部分も事実だと思わせる」「これは一種の捏《ねつ》造《ぞう》である」と。

また、「公共放送BBCで英国の恥をさらすな」という批判もあった。この批判はケン・ローチの生涯にずっとついてまわることになる。

BBC放送でこのドラマを観た少なからぬ人は「キャシーは実在する」と勘違いした。

理想化されない貧困層

もうひとつの批判は、キャシーがあまりにも清廉潔白《せいれんけっぱく》、イノセントに描かれていたことだ。

「キャシーは純粋すぎる被害者で、貧困層というものを抽象化した、作られた理想像だ」

そういった批判はケン・ローチに響いただろう。彼を映画に目覚めさせた『自転車泥棒』は、貧しい人々の弱さ、ずるさにも容赦のない目を向けていた。

『キャシー・カム・ホーム』で批判された後のケン・ローチは、貧しい人々が貧しさゆえに犯す罪も描くようになった。『この自由な世界で』（07年）では、仕事を失ってしまった労働者階級のシングルマザーが東欧やアフリカからの不法移民を建設などの危険な労働に斡旋《あっせん》してピンハネする。『天使の分け前』（12年）では、スコットランド人である主人公が金持ちが高値で取引するヴィンテージ・スコッチを密《ひそ》かに樽から抜き取る。『リフ・ラフ』では過酷なビル工事の現場で、同僚が死んだ主人公たちがビルに放火して終わる。

そうしてケン・ローチは、理想化されない、リアルでたくましい労働者たちを生々しく描いていく。

名前と顔

「声なき人たちの声を聴き、彼らに顔を与える」

『キャシー・カム・ホーム（キャシー、家にお帰り）』というタイトルは皮肉で悲しい。彼女には帰るべき家はない。映画は冒頭と同じく、車が行き交う路上に呆然《ぼうぜん》と立ち尽くすキャシーの姿で終わる。彼女を温かく迎える家、社会を求めて、ケン・ローチは映画を作り続けることになる。

それが自分の映画の意義だとケン・ローチは語っている。

ニュースや新聞で「ホームレスの人口は○○万人」と報道されても、それは数字でしかない。路上のホームレスを見て見ぬ振りをして、その脇を通り過ぎるのと変わらない。面と向かってじっくり話さなければ、ひとりひとりが自分と同じ生身《なまみ》の人間だと実感することができない。ケン・ローチの映画はそうした人々に顔と名前を与える。キャシーだったり、ダニエル・ブレイクだったり。彼らは「ホームレス」とか「失業者」とか「貧困層」という普通名詞ではなく、一人一人がキャシーやダニエル・ブレイクという名前、つまり個別の人生を持った人間たちなのだと思い出させるのだ。

#10『わたしは、ダニエル・ブレイク』
――貧しさは罪なのか？

2016年　英・仏・ベルギー合作
監督：ケン・ローチ
主演：デイブ・ジョーンズ
ヘイリー・スクワイアーズ

クロエ・ジャオ監督の『ノマドランド』（20年、#3で詳述）を観た時、「もしケン・ローチが監督していたら？」と思った。

原作の『ノマドランド』が描く貧困、高齢者、機能しない社会保障、低賃金労働は、ケン・ローチの『わたしは、ダニエル・ブレイク』（16年）と『家族を想う時』（19年、#11で後述）のテーマだ。でも、ローチは映画の『ノマドランド』のような詩情や哲学に興味はない。はっきりと「敵」を指弾する。

カフカ

『わたしは、ダニエル・ブレイク』の主人公、ダニエル・ブレイク（デイブ・ジョーンズ）は59歳の木工職人。心臓病のため、医師から働くのを止められたので政府の雇用支援手当を申請する。病気や怪我で働けない間の補償制度である。

その受給資格のテストで、ダニエルは肉体的障害についてさまざまな質問を受ける。

「あなたは50メートルの距離を誰にも補助してもらわずに歩けますか」

「腕を頭の上まであげられますか」

質問は延々と続く。どれも心臓とは関係ないものばかり。

「私は心臓が悪いんだ。心臓について聞いてくれよ」

ダニエルは言うが、質問者の女性はロボットのように同じ質問をくり返すばかりだ。彼女は最後にこう宣告する。

「あなたは12点しか取れませんでした。雇用支援手当を受けるには15点必要です」

そんな、免許じゃないんだから！　まるでカフカの小説のような不条理。

質問者にダニエルは「あんたらはアメリカの会社なんだろう？」と言う。イギリスでは14年から雇用支援手当の申請者の評定を、マキシマスというアメリカ企業に委託している。

英国政府は、福祉の支出をなるべく少なくしたいから雇用支援手当の審査を厳しくしている。だが、その審査を米国会社に外注している。13年まではフランスの会社に外注していた。英国人への福祉を減らすために外国企業を雇うなんて。これもまたカフカ的だ。

デジタル難民の排除

雇用支援手当を断わられたダニエルは、JSA（求職者手当）を申請しようとする。失業保険のようなもので、仕事を失った者が次の仕事を得るまで受けられる。

その申請のため、職業安定所に行ったダニエルは呆然とする。コンピュータで手続きしなければならないからだ。

「私はコンピュータなんか近づいたこともないんだ」

イギリス政府は、12年からすべての公共サービスの申し込みをデジタル化している。

ダニエルは、親切な女性スタッフに助けられて入力しようとするが、「ここをマウスでクリックしてください」と指示されて、マウスを持ち上げてパソコンのモニターにくっつける。そんな調子で1日ずっと悪戦苦闘したが、申請書は送信できなかった。

ダニエルが住むアパートに、ダニエルがチャイナと呼ぶ黒人の若者（ケマ・シカズウェ）がいる。なぜチャイナなのかというと、彼のところには中国から小包が送られてくるからだ。中身はブランド・スニーカーのコピー品だ。チャイナ君はそれを路上で売っている。

「ニセモノを売るのか？」

「いやいや、これは公式ブランドの工場で作っているから、ニセモノとは言えない」

中国の工場では、昼間はブランド品のスニーカーを作り、夜になると材料の品質を落とし、

すべてがデジタル化された現代イギリスでは、ダニエル・ブレイクは難民も同然だ。

同じ製造工程でニセモノを作っている。

そのスニーカーは、中国の工場労働者の若者に送ってもらっている。ふたりはサッカーファン同士としてネットで知り合った。チャイナ君ならパソコンに詳しいだろうと思ったダニエルは相談してみる。

「JSAの申し込みを手伝ってくれないか」

チャイナ君はものの5分で申し込んでくれる。「できないのはダニエルさんのせいじゃないよ」。チャイナは言う。「奴らは申請手続きをわざと難しくして、福祉を受けようとする人たちをできるだけ惨《みじ》めな気持ちにさせて、受給をあきらめさせようとしているんだ」。

「奴ら」は英国政府に限らない。日本でも生活保護など福祉の受給申請は複雑で、審査は厳しい。まるで申請者の心を折るように。

ペナルティとサンクション

ダニエルは国から家賃の援助を受けて、貧困層向けアパートに住んでいる。妻が亡くなった後も妻の思い出のある1LDKに今も暮らしている。英国の福祉制度では、夫婦ふたりなら1LDKに住むことができるが、ひとり暮らしになるとワンルームへの転居を余儀なくされる。1LDKに住み続けたいなら、家賃援助は14%削られてしまう。

援助カットは一種の罰則《ペナルティ》だ。配偶者を亡くすことは罪でも何でもないのに。

「あなたに罰則を科します」「制裁《サンクション》です」

ダニエルは職業安定所でそんな声を聞く。

求職手当を申請しに来たケイティ（ヘイリー・スクワイアーズ）というシングルマザーに「裁定者」が「手当を40%削減します」と告げる。ケイティは裁定者とのミーティングに遅刻してしまったのだ。

「私はこの町に引っ越してきたばかりで、勝手がわからなくて、乗るバスを間違えたんです」と、ケイティが釈明しても、裁定者は聞く耳を持たない。遅刻は、生きる糧《かて》を減らされるほどの罪なのか？

裁定者を演じている女性は実際に職業安定所で裁定者をしていた人だそうだ。ダニエルの申請を手伝ってくれた親切な女性職員もそうだ。ケン・ローチ監督は、職業安定所の元職員たちを取材し、彼らを映画に出演させている。
元裁定者の女性は自分がしたことを深く反省して、だからこそ自分で演じている。

フードバンク

ダニエルは職業安定所で会ったシングルマザーのケイティを気にかけるようになる。子どもがいないダニエルは、ケイティを自分の娘のように思い、彼女のふたりの子どもたちを自分の孫のように思って、なんとか助けられないかと考える。だが、ダニエル自身もまったく収入がない。社会の底辺で、互いを助ける力もない者同士が疑似家族を作って支え合って生きようとする。

彼らはついに食べる物がなくなってフードバンクに行く。フードバンクとは、スーパーなどで賞味期限が切れた食料品を回収したり、寄付された食べ物を集めて、貧しい人々に無料で提供する場所。イギリスでは100万を超える人たちがフードバンクに頼って生活しているという。

日々の食料に事欠《ことか》く人々が増える一方で膨大な量の食べ物が余って、捨てられている。
フードバンクの長い行列に並んだケイティは、やっと缶詰を見た時、空腹のあまり、その場でむさぼりついてしまう。

それを見て驚くフードバンクのスタッフは実際にフードバンクのスタッフ。ケイティを演じるヘイリー・スクワイアーズはプロの女優だが、彼女がそこで缶詰に食らいつくことは事前にフードバンクで働く人たちに伝えられていなかった。だからスタッフの驚きぶりは本物。いつものケン・ローチ流演出だ。

だが、作り話ではない。ケン・ローチは取材のなかで、貧しい人がフードバンクで食べ物にむしゃぶりついた事件を聞いて、ここで再現したのだ。

ナプキンを万引き

ケイティはとうとう万引きをして捕まってしまう。盗んだのは生理用ナプキンだった。生理用ナプキンは女性にとって生きていくのに絶対に必要なものだ。それをなぜ、お金を出して買わなければいけないのか。政府が支給している国もある。

ナプキンを買えないほど貧しいことを同情されたケイティは無罪放免される。しかし、それを見ていた店の警備員は彼女を売春組織に誘う。ケイティは悩んだ末、娘の靴を買うために売春を始める。

気づいたダニエルは客のふりをしてケイティの職場に入ってやめさせる。だからといって彼女たちを食わせることができるわけではない。木工職人として子どもたちにオモチャを作ってやるくらいしかできない。

職にあぶれるための職探し

『ダニエル・ブレイク』は不条理コメディでもある。福祉システムが笑ってしまうほど理不尽だからだ。

ダニエルは求職者手当を受給するため、週に35時間を職探しに費《つい》やさなければならないと言われる。つまり月曜日から金曜日まで毎日朝から晩まで求職に駆けずり回れと。

さらに、「求職セミナーに行って履歴書の書き方を学んでください」と言われる。「行かないと制裁が科せられます」。制裁、制裁、また制裁。犯罪者でもないのに。

求職センターに行くと、こんな指導を受ける。

「雇い主側は履歴書を10秒しか見ません。彼らのもとには1日に1800通も届くので、自分を強くアピールする履歴書を書かなければいけません。携帯電話でビデオを撮ったりね」

また携帯！

職探しではなく求職者手当を受給するためだけにダニエルは履歴書を書いて、自動車工場や造園会社などを回る。ところが採用の連絡が来てしまう。

「すみません。心臓に障害があって働けないんです」

「じゃあなんで履歴書を持ってきたんだよ？　ふざけるな！」

求職者手当をもらうためには、一生懸命に職を探さなければいけない。でも、採用されたら求職者手当はもらえない。まったく、ふざけるなとしか言いようがない。

罪なき罰

ダニエルが職業安定所で「求職活動をしました」と報告すると、裁定者は「何の証拠もないわね。仕事を探していたところを携帯で写真に撮ってないの？」と言う。

ダニエルは携帯電話なんか持ったことがない。

「履歴書は一応書きました」

ダニエルの履歴書を見て裁定者は呆れる。手書きだからだ。

「あなた、やる気がないわね。あなたへの求職者手当《JSA》は支払いを4週間停止します」

ダニエルはデジタルについていけないだけで、罰せられる。

「あなたはハードシップ・ペイメントに頼るしかないわ」

ハードシップ・ペイメントとは、手当を拒否された人に対する公的な貸付。つまり、借金だ。

「お金を借りられたとしても、求職活動は続けなければいけません。続けないと制裁されます。次の制裁は13週間の給付停止になります。何度も制裁を受けると、最終的に3年間給付を停止することになります」

罰というものは、法で定められた罪を犯した者だけが受けるものだ。しかし、ダニエルは、職探しが必死ではない、という理由で罰せられる。

プロテスタンティズム

「仕事が見つからないのは、仕事探しを怠けているからだ」として罰する制度は、古く16世紀に作られた救貧法《プア・ロー》まで遡《さかのぼ》る。

救貧法は「貧しい人々を救う」名目で作られた法律で、「貧しい者、病気などで働けない者は物乞《ものご》いをしてもいい」と定められていた。しかし、実際は貧乏であること自体を「罪」とする法律だった。体に障害のない者が働かずに貧しいままでいたなら、強制労働や鞭《むち》打ちの刑に処すと定めていた。

救貧法は、やはり16世紀にイギリスが国教化したプロテスタンティズムと関係があると言われる。

プロテスタントは、新約聖書の「働かざる者、食うべからず」という言葉を基に、労働を神から与えられた使命だと考えた。『プロテスタンティズムの倫理と資本主義の精神』（1905年）で社会学者マックス・ヴェーバーが指摘しているように、労働を尊ぶプロテスタンティズムは資本主義を発展させた。

しかし、それは裏返せば「働かない者は罪人である」とする救貧法につながってしまう。16世紀に作られた救貧法は、形を変えながら1948年まで存続した。その精神は今もイギリス社会に生きている。

これはイギリス特有のことではない。日本でも福祉を受ける人に対する風当たりはきつい。制度も手続きも、できるだけ福祉を受ける条件を厳しくしているし、福祉を受ける人々は罪人のような罪悪感を背負わされる。それは国民の権利であり、国民の福祉こそ国家の存在理由であるにもかかわらず。

ダニエル・ブレイクは、いる

不条理に不条理が重なり、ついにダニエルは限界に達し、職業安定所の壁にスプレーで落書きする。

「私、ダニエル・ブレイクは不服申し立ての日程を求める。餓死する前に」

ダニエルは不服申し立ての手続きを始める。代理人の人権派弁護士は言う。

「心臓病で働けないのに、雇用支援手当が出ない。これは完全に違法行為です。私たちは勝てます」

怒りを抑えられなくなったダニエル・ブレイクは職安の外壁にスプレーで福祉制度への抗議文を書く。

やった！　観客は心の中で快哉《かいさい》を叫ぶ。しかし、申し立ての当日、ダニエルは死ぬ。発作が起きて心臓が止まってしまったのだ。

『わたしは、ダニエル・ブレイク』はカンヌ映画祭でパルム・ドールを受賞した。

だが、イギリス労働年金省の元大臣イアン・ダンカン・スミスは、「ダニエル・ブレイクに起こったことは、誰にでも起こるわけではない」と否定した。「これは稀《まれ》で最悪のケースだ。それを誇張するべきではない」。16年から労働年金大臣を引き継いだダミアン・グリーンも「この映画は作り話だ」と批判した。ふたりとも保守党の政治家だ。

だが、先述したように、ケン・ローチ監督は職業安定所やフードバンクの職員を集め、彼らから得た事実を拾い集めて1本のシナリオにまとめていった。ダニエル・ブレイクはフィクションだが、彼がこうむった苦難は事実なのだ。

映画が公開されてから約1年半後の18年1月、デヴィッド・コーという60歳のイギリス人男性が亡くなった。彼は月に130ポンド支給されていた健康障害手当を20ポンドに減らされ、裁判で戦おうとしていた。しかし、裁判が始まる前に持病で亡くなってしまった。彼はもうひとりのダニエル・ブレイクだ。

リスペクト

ダニエルの葬儀には、職業安定所の親切な女性職員が列席している。彼女もまた「本物の告発者」だ。

『ノマドランド』もノマドの女性の葬儀が結末近くにある。『ノマドランド』は、高齢者たちが不条理な資本主義システムから脱出して、自由になっていく姿をポジティヴに描いている。葬儀での野辺送《のべおく》りの言葉もただ優しい。だが、『ダニエル・ブレイク』は、不条理なシステムへの激しい強い怒りに満ちている。ケイティは葬儀で、ダニエルが不服申し立てのために用意していた声明文を読み上げる。

「私は依頼人でも顧客でもユーザーでもない。怠け者でも、たかり屋でも、物乞いでも、泥棒でもない」

福祉を受ける人たちは、救貧法の昔から怠け者やたかり屋や泥棒と言われてきた。しかし、貧乏は本人の責任なのだろうか。人は誰もが同じスタートラインから人生を始めるわけではない。最初から持ち点が高い人もいれば、マイナスからの人もいる。そして、最低ラインで生きる人々はちょっとした理由でいきなりどん底に落ちてしまう。セーフティネットは、貧困の実態を知らない政治家たちが作るから穴だらけだ。

ケイティの朗読はさらに続く。

「私は国民保険番号でもなく、エラー音でもない」

職業安定所でダニエルは国民保険番号で呼ばれていた。エラー音というのは、彼がパソコンをうまく扱えなくてやたらとエラー音が出たことを指している。

「私はきちんと税金を払ってきた。それを誇りに思っている。支払った税金に見合った給付を受ける資格が、私にはある。私は施《ほどこ》しを求めているわけではない。税金を払った、その見返りを求めているだけだ」

先進国では、人は生涯働いて稼いだうちの2割から3割を社会保障費として納税している。ところがそれを請求すると政府は出し渋る。

「私はダニエル・ブレイク。人間だ。犬ではない。法律で認められた当たり前の権利、そしてリスペクトを要求している」

ダニエルはこの映画を通して、軽蔑され、ダメ人間とみなされ、落伍者とみなされ、徹底的に惨めな気持ちにさせられた。福祉を受ける者のプライドを徹底的にへし折って、跪《ひざまず》かせる。それがシステムの目的だ。

声明文はこんな言葉で終わる。

「私はダニエル・ブレイク。ひとりの市民だ。それ以上でも以下でもない」

市民社会は、個人と社会の契約によって成立する。人が普通に働いていたら、普通の暮らしができる社会が守られていればこそ、個人は法律を守り、社会を乱さない。もしも社会が個人を守る契約を反故にするなら、個人は社会に対して何の義務を負うというのか。

イギリスでは80年代のサッチャー政権以降、保守党政権も労働党政権も——ずっと福祉をカットしてきた。その背景には新自由主義経済があった。競争に勝った者が多くを得るのは当たり前で、福祉で人は努力をしなくなる、という考えだ。救貧法の頃から何も変わっていない。80歳のケン・ローチは『わたしは、ダニエル・ブレイク』で引退すると宣言していたが、もう1作、監督せざるを得なくなった。「非正規雇用」と戦うために。

#11『家族を想うとき』
――「個人事業主」という罠

2019年　英・仏・ベルギー合作
監督：ケン・ローチ
主演：クリス・ヒッチェン

ケン・ローチは『わたしは、ダニエル・ブレイク』(2016年、前章で詳述)を最後に映画監督を引退すると表明していた。が、すぐに撤回し、新作にとりかかった。どうしても世界に訴えたいことが残っていたから。

「『わたしは、ダニエル・ブレイク』のために、フードバンクを取材したのがきっかけだ」

もう1作撮ることにした理由をケン・ローチはこう語る。

「食料を求めて並んでいる人々の多くが職を持っていた」

彼らはワーキング・プア、非正規、派遣労働者、英国で言うところの「ゼロアワー契約者」なのだ。

恐怖のゼロアワー契約

『わたしは、ダニエル・ブレイク』で、主人公ダニエルのアパートの隣人チャイナがこう言う。

「今朝は朝の5時半からトラックの荷下ろしの仕事をして、45分後に解雇されたよ」

45分しか働いていないから、チャイナ君がその日稼いだのは3ポンド79ペンス（約570円）だったという。

「ゼロアワー契約ってやつだよ」

正規雇用では、月給または、週給が支払われる。週給の場合、普通は時給×8時間×5（月～金）で計算される。つまり週あたり40時間労働が基本になる。成人の最低賃金は約9ポンドだから、最低でも週給360ポンド（約5万5000円）、月給なら1440ポンド（約22万円）になる。

この場合、就業時間中にいくら暇な時間や、移動時間があっても、それがマイナスされることはない。

ところが98年から契約労働者、つまり派遣などの非正規雇用者について「ゼロアワー契約」が合法化された。それは週あたりの基本労働時間を規定しない。

労働者は仕事がある時に呼び出され、作業が終わると解散。実作業の間だけが労働時間として賃金の対象になる。作業現場への行き帰りの時間は時給として計算されない。もちろん、呼び出しに備えて待機している間もだ。

ゼロアワー契約で支払われる額は正規雇用に比べて少なく、不安定になる。雇われる側にとって不利で、雇う側にとって圧倒的に有利な制度である。もちろん福利厚生も、退職金も払う必要がない。

ゼロアワー契約下にある労働者数は、イギリス最大の労働組合であるユナイト（Unite）によって550万人と推計されている。

必要な時だけ呼び出される雇用状況は世界に拡がっている。一般人によるタクシー・サービスのウーバーや、料理の出前のウーバーイーツもそうだ。これはギグ・エコノミーと呼ばれている。ギグ（小さなコンサート）のためにミュージシャンが集まって演奏して解散するイメージだ。たとえばウーバーイーツの賃金は、1回の配達ごとに計算されるから、待機中は無給だ。だから、1日働いても、時間で割ると最低賃金を下回ってしまうことが多い。

明日の仕事もわからないゼロアワー契約は限りなく失業状態に近いが失業状態ではない。だから失業手当は請求できないし、失業者数にも算入されない。いわば見えない失業者が500万人以上いるわけだ。

そして、83歳のケン・ローチは『家族を想うとき』（19年）を撮った。邦題はほのぼのしているが、そんな甘い内容ではない。

原題はSorry We Missed You、不在連絡票（宅配時に不在だった家に置いていく張り紙）の「ご不在につき持ち帰ります」という常套句《じょうとうく》だ。

いい兵隊リッキー

主人公はリッキー（クリス・ヒッチェン）という40代の父親。就職の面接で、過去の職歴を語っていく。

「今まで、どんな仕事でもやってきましたよ。建築関係が多かったな。基礎工事、排水工事、コンクリ打って、屋根葺《ふ》いて、床張って……墓掘りもしましたね」

「なんで辞めたの？」

面接官が尋ねる。

「人にこき使われるのはもう沢山《たくさん》でね。自分のボスになりたいんです」

「失業手当は受けてる？」

「いや、プライドがあるんでね。手当に頼るくらいなら餓え死にしたほうがマシです」

リッキーはダニエル・ブレイクと違って、福祉を受けるのは恥だと考えている。

「いいね」

面接官は気に入ったらしい。

「君はいい兵隊だ」

いい兵隊はきつい条件に耐えてくれる。雇用者にとって都合のいい存在だ。リッキーは宅配会社ＰＤＦに採用される。これは実在の配送会社ＤＰＤをモデルにしている。ＤＰＤは仏英その他、数ヵ国にまたがる国際的大企業で、アマゾンをはじめ手荷物の民間向け配達を請け負っている。

個人事業主という罠

「君は雇用されない」

ＰＤＦのボス、マロニーは言う。

「我が社の〝ために〟働くんじゃなく、我が社〝ともに〟働くんだ。つまり君はフランチャイズになる」

リッキーを独立した個人事業主として、業務委託契約をするというのだ。

「だから、配達用のバンは自分で買ってくれ」

日本やアメリカでのアマゾンなどの宅配も同じ状況になっている。個人事業主という言葉は魅力的だが、それは罠《わな》だ。

社員として雇用されたなら車は会社の車を使えばいい。無料だ。福利厚生も、残業代も、労災も、最低時給も保障されている。

だが、個人事業主として契約すると、報酬は委託された荷物の量で決まり、何時間かかっても残業代はつかない。時間で割ると、日によっては最低賃金を割りこむこともある。車両代だけでなく、ガソリン代、駐車料金、車両保険、車両税、維持費は自己負担になる。

もちろん労災もない。

これは雇用者がコストやリスクを回避するための方便にすぎないのだ。

毎日14時間、週6日労働

バンは中古で1万4000ポンド（約220万円）もする。頭金1000ポンド（15万円）払っても、ローンは月400ポンド（6万1000円）になる。

家に帰ったリッキーは妻アビー（デビー・ハニーウッド）にバンについて相談する。

「宅配で頑張れば日に200ポンド（3万円）は稼げる。週に1200ポンド（18万円）稼ぐつもりだから、ローンは払える」

でも、宅配の報酬は配達した荷物の数で決まる。1個の相場は1・3ポンド（200円）ほど。日に200ポンド稼ぐには、1日に150もの荷物を配達しなければならない。1時間に10個配達しても15時間かかる。

「週に1200ポンドなんて、毎日14時間、週に6日働いても無理じゃないの」

アビーはゾッとする。

「家族が会えなくなるわ」

「最初だけさ。そのうちに人を雇うよ」

宅配の個人事業主はさらにその下請けを1日70ポンド（1万円）というひどい値段で働かせている。リッキーも搾取する側に回りたい。

結局、夫に嘆願されて、アビーは、バンの頭金のために、自分の車を売ることを承諾してしまう。

スキャナーの奴隷

1日目。自分のバンに乗って集配センターに初出勤したリッキーはスキャナーを渡される。荷物のコードをスキャンする機械だが、それだけではない。

「これはドライバーのすべてを管理する。配達ルートを決めて、君らの動きをこれが監視している。荷物ひとつひとつの配達にかかる時間もこれが決める。絶対に厳守しろ」

時間通りに配れないと評価が低くなり、効率の悪いルートの配達を任される。狭い地域にたくさんの配達先が集中しているほうが効率がいい。人の下で働くのが嫌になったリッキーだが、今日からは機械の下で働かされる。

「そして、なにより、これはすごく高価なものだ。なくしたら弁償させるから忘れるな」

出発前にリッキーは空《から》のペットボトルを渡される。

「ここに小便するんだ」

配達ルートを決めるコンピュータは人間の生理を考慮しない。

リッキーは行く先々でさまざまな障害に阻《はば》まれる。渋滞に巻き込まれたり、駐車違反のチケットを切られたり、エレベーターの故障で何十階もある高層マンションの階段を上がったり、受取人がサインを拒否したり、住所に何もなかったり、凶暴な番犬に襲われたり……でも、もちろんそれで遅れても、機械《スキャナー》は容赦しない。

8時間労働制はどこに消えた？

いっぽう妻のアビーは車を失い、バスで仕事先を回らねばならない。

訪問介護の派遣労働者だ。

部屋に入る前、アビーは鼻の下にメンソール入り軟膏を塗る。おむつを替えたり、下《しも》の世話をする時の臭いに備えてだ。

認知症の老人は糞尿まみれになって暴れる。脳性麻痺の青年は朝早く来すぎだとアビーを罵倒する。1日に7軒も回らねばならないので、最初の訪問は朝7時半になってしまう。

英国のバスはつねに遅れ、定時に来ることはない。ゼロアワー契約なので、移動中は就労時間に含まれない。バス料金も自分持ちだ。

マロニーはリッキーをスキャナーで監視する。

仕事が終わるのはいつも夜9時過ぎ。14時間働いて家に着くと服を着たまま眠り込んでしまう。

「1日8時間労働制はどうなったの？」

顧客の老婦人モリーは驚く。彼女は若い頃、労働運動の闘士だった。当時は労働組合によって労働者の権利は守られていた。しかし、非正規雇用の労働者に組合はない。「使用者は原則として1日に8時間、週に40時間を超えて労働させてはいけない」という万国共通の労働の基本は、もはや絵空事《えそらごと》になってしまった。

英国のサブプライム

モリーに求められて、アビーは自分の家族の写真を見せる。10年ほど前、長男セブがまだ5歳で、長女ライザを妊娠していた頃だ。「売却済み」という立て札がある一軒家の前に並んでいる。

「私たちの家になるはずだったけど、ノーザンロックの破綻で……」

05年頃、英国のノーザンロック銀行は、低所得者に積極的に住宅ローンを貸し付けていた。だが、07年9月に破綻し、多くの人々が家と財産を失った。アメリカで08年に起こったサブプライム・ローンの破綻は、その1年前に英国で起こっていたのだ。なのになぜ、誰も止められなかったのか。

住宅ローンが破綻したので、住宅建設ブームも崩壊した。リッキーが建築業の仕事を失って墓掘り人をしていたのは、その頃だろう。

しんみり話していたアビーだが、そそくさと次に移動する準備を始める。名残を惜しむモリーにアビーは「お客さんとあまり親しくなってはいけないと言われてるんです」と言う。介護から人の心を抜き去ってどうしようというのか。

素晴らしき週末

朝から晩まで働くリッキーとアビーは子どもたちをかまってやれない。小学生のライザはストレスで夜尿症《やにょうしょう》になり、高校生のセブは学校をサボり、父と口論になる。

「父さんは一所懸命やってるんだ」

リッキーとアビーは英国式サブプライム・ローンで家を失った。

「まだ足りないよ！」

壊れかけた家族を支えるため、リッキーは土曜日の配達にライザを連れて行く。パパとの久しぶりのドライブにはしゃぐライザ。不在票に「うちのパパに感謝してね」と勝手に書き添える。

夜はひさびさに4人揃って食卓を囲む。そこにモリーから介護の緊急呼び出し。せっかくの家族団欒《だんらん》がまた……。

「家族みんなで行けばいいよ」

セバスチャンが提案して、4人全員でバンに乗り込み、楽しく歌いながら訪問介護に行く。

忘れていた家族の笑顔を取り戻した1日だった。

流砂のように

その夜、ベッドでアビーはリッキーに言う。

「あなたが流砂に呑み込まれていく夢を見たの。もがけばもがくほど砂に呑み込まれていくのよ」

それは予知夢だった。

リッキーは、限界を超えた労働のためにミスが重なり、イライラして客に暴力を振るったりした結果、何者かに襲われて大怪我を負ったうえに、スキャナーを壊され、PDFから罰金を科されてしまう。

頭部も強く打っており、絶対安静が必要なリッキーだが、負債を返すためには、少しも休むわけにいかない。

泣いて止める家族を振り切って、リッキーがバンに乗って走り出すところで映画は終わる。

それは地獄への特攻にしか見えない。

リッキーは死んでしまうかもしれない。

18年、DPDの契約宅配業者、ダン・レイン（53歳）が糖尿病で倒れたが、それに欠勤のペナルティ150ポンドを科せられたので、それ以上の罰金を恐れて、病院に行かずに、家族の反対を押し切って出勤し、帰らぬ人になった。

繰り返すが、これは英国の物語だが、描かれている非正規雇用の過酷さはアメリカでも日本でも同じだ。この「流砂」を放置しているわけにはいかない。

原題のWe Missed Youには、過労で家族を失った人々の想いも重ねられているのだろう。

#12『万引き家族』——ビルの谷間の「スイミー」たち

2018年 日本作品
監督:是枝裕和
主演:リリー・フランキー
安藤サクラ

Invisible people《インビジブル ピープル》(見えない人々)に光をあてる——。

2018年のカンヌ映画祭でパルム・ドールを受賞した是枝裕和《これえだひろかず》監督の『万引き家族』のテーマを、審査員長のケイト・ブランシェットはそう表現した。

是枝監督は、それこそ自分が映像作家として取り組んできたことだと、さまざまなインタビューで述懐している。それは、テレビのドキュメンタリー番組のディレクターだった彼が91年に手掛けた『しかし…福祉切り捨ての時代に』から始まっている。

当初、彼は生活保護を打ち切られて自殺した46歳のホステスを取材していた。彼女が遺したカセットテープに、福祉担当者から「女なんだから稼ぐ方法はいくらでもあるだろう」と言われたことが残されていた。

しかし、その番組は福祉行政の冷酷さを一方的に糾弾するような内容にはならなかった。是枝監督は、水俣病裁判の国側の責任者である山内豊徳《やまのうちとよのり》が、被害者への補償を拒否し続ける仕事に耐えられずに自殺した事件を取り上げ、彼の苦しみにも入り込んでいく。ふたつの自殺の間にある、白黒分けられない「人間」を、是枝監督は描こうとしたのだ。

しかし…

『しかし…』というタイトルは、自殺した山内豊徳の言葉の引用だが、何か事件があると善悪を明確に分けようとする裁判や報道、世論に対する是枝監督の違和感を示す「しかし…」である。

この「しかし…」が、是枝監督作品すべてを貫いている。

劇映画デビュー作『誰も知らない』(04年)は88年に起こった巣鴨《すがも》子ども置き去り事件をヒントにしている。夫に逃げられたシングルマザーが14歳を頭《かしら》にした4人の子どもをアパートに置き去りにして、外で男と暮らし始めた。母親はわずかなお金を持って時々帰ってきたが、9ヵ月間、子どもたちを放置し、その間に2歳の三女は長男たちの遊び友達による暴行で死亡、遺体は子どもたちの手で林に埋められた。残る子どもたちも栄養失調で衰弱した状態で発見され、母親は逮捕された。子どもたちは出生届も出されていなかった。

当時のテレビでは、母親ばかりか子どもたちも、妹を殺した血も涙もない獣のように報道された。しかし、是枝監督は丹念な調査から、彼らなりの必死な生《い》き様《ざま》をすくい上げた。『誰も知らない』というタイトルは「しかし…」の同義語だ。

17年の『三度目の殺人』では、殺人事件の容疑者の弁護を担当した弁護士（福山雅治《ふくやままさはる》）がとにかく減刑が勝ち取れるような安易なストーリーに事件をあてはめようとするが、調査を続け、関係者の証言を集めるうちに、事件の全体像は一転二転し、事実を知れば知るほど、誰が悪いのか、何が動機なのか、判断できなくなる。「しかし…」「しかし…」が無限に繰り返されるのだ。

そんな是枝監督の『万引き家族』（18年）は、実際の万引き事件と年金詐欺を題材にしている。どちらもテレビのワイドショーやSNSで人々の激しい怒りを集めた。

「しかし…」是枝監督はそう言いながら、白黒分けようとする目には見えない人間たちに近づいていく。

スイミー

「ねえ、スイミーって知ってる？　国語の教科書に載ってたの。スイミーってね、小さな魚たちが大きなマグロをやっつける話なんだけど、なんで、やっつけると思う？」（『万引き家族』より）

『スイミー　ちいさなかしこいさかなのはなし』は、オランダの作家レオ・レオニが63年に出版した絵本で、日本では小学校2年の国語の教科書に掲載されて知られている。

『万引き家族』の取材のため、是枝裕和監督は、親に虐待された子どもの施設を訪れたという。そこに女の子が学校から帰って来た。何を勉強してるのかと尋ねると、その子はランドセルから国語の教科書を取り出して、『スイミー』を朗読しはじめた。

スイミーは小さくて弱い魚。他の小さい魚たちと共に、暗い海の底を岩陰に隠れながら暮らしている。大きなマグロに食べられないように。でも、かしこくなったスイミーは、他の小さな赤い魚たちと群れて固まって大きな魚に見せかけることでマグロに対抗しようとする。

そこから是枝監督の中に「海の底から水面を見上げているような暮らしをしている家族」という『万引き家族』全体のイメージが構成されていった」という*1。『万引き家族』のカメラはほとんどのシーンで低い位置にある。それは主人公である10歳の少年の目線であると同時に、この社会という大海の最底辺を這《は》うように生きる人々の視線でもある。

家族とは血なのか

『万引き家族』は、10歳の少年、柴田祥太《しょうた》（城桧吏《じょうかいり》）がスーパーマーケットで万引きするシーンから始まる。「父」治《おさむ》（リリー・フランキー）が買い物をするフリをして周囲を見張っている間に、祥太はスナック菓子やカップラーメンをバッグに入れて店を出る。

「父」とカギカッコを付けたのは、生物学的、法的な父ではないからだ。

この映画は、「家族」と題しながら、彼らが血のつながる家族ではないことを少しずつ暗示していき、最後にすべてを明らかにするストーリーテリングの面白さがあるが、ここでは読者が既《すで》に映画を観ていることを前提に論じていく。

是枝監督は筆者とのインタビューで、『万引き家族』製作の動機をこう語っている。

「『そして父になる』(13年)を作ってから血縁を超えた共同体についていろいろ考え始めて、自分では産まないけど母になり、父になろうとする人たちの話をやってみようと。それで『家族』を血のかわりに犯罪でつないでみようかと」

『そして父になる』は、77年に沖縄で起こった「赤ちゃん取り違え事件」にヒントを得た物語。ふたりの父親(福山雅治とリリー・フランキー)にはそれぞれ6歳の息子がいるが、生まれた時に産院で取り違えられていたことを知る。子どもたちは交換されて、血の繋《つな》がる親が育てることになる。しかし、福山の実《じつ》の息子は彼に懐《なつ》かず、リリーの元に帰りたがる。さらに福山が育てた息子もリリーに懐いてしまう。

家族をつなぐのは血なのか、そうでないのか。子どもが生まれるだけで人は親になれるのか。『そして父になる』は問いかける。

是枝監督はさらに問いを重ねる。よい父親とは何なのか、と。

福山は一流大卒のエリート・ビジネスマンで、都心の高層マンションに住み、子どもの教育にも金を惜しまない。リリーは小さな電気屋で、生活は貧しい。取り違えで病院からの賠償金をあてにしている。

77年の実話に、その後の約40年間で拡がった「格差」を盛り込んだのが『そして父になる』だった。『万引き家族』は格差をさらに下へと掘り下げていく。

盗んだのか拾ったのか

祥太と治は家に帰る途中、アパートの廊下に出されている幼い少女（佐々木みゆ）を見つける。雪が降りそうな寒さなのに寝間着《ねまき》一枚だ。

治は少女を家に連れて帰ってしまう。柴田家は、「父」治、「長男」祥太の他、「母」信代《のぶよ》（安藤サクラ）、その「母の妹」亜紀《あき》（松岡茉優《まつおかまゆ》）、「祖母」初枝《はつえ》（樹木希林《ききききりん》）の計5人。

治が連れてきた少女は「ゆり」と名乗り、5歳だという。全身傷だらけで、明らかに親に虐待されている。それでも元のアパートに返しに行くと、ドアの中から夫に殴られる母親の悲鳴が聞こえてくる。

「産みたくって産んだわけじゃない！」

児童虐待防止全国ネットワークによると、少子化が進むいっぽうで児童虐待相談件数は年々増え続けて、現在年間20万件に達しようとしている。虐待者の圧倒的多数は母親、次に父親。虐待されて死亡する子どもの数は年間50件、つまり1週間にひとりが命を落としている。

ゆりの母親は夫に殴られた怒りを、さらに弱い存在である娘にぶつけているらしい。同じく虐待の被害者である信代はゆりを長女として迎え入れることに決める。

こうして、盗んだり盗まれたりした人々が柴田家を構成している。

実は、祥太もパチンコ屋の駐車場で車上荒《しゃじょう》らしをしていた治が見つけて拾ってきた。彼は、車の中に置き去りにされ、もう少しで死ぬところだった。環境省が18年に発表したデータによれば過去45年間に車中放置による熱中症で亡くなった4歳以下の子どもは158人に及ぶ。

信代はこう言う。

「盗んだんじゃない。誰かが捨てたものを拾っただけ」

血よりも濃く

柴田家は東京の下町、荒川にある。高層ビルの谷間の古い木造平屋に隠れるように暮らしている。『パラサイト　半地下の家族』ほどではないが、日当たりは悪そうだ。

狭い室内に6人が暮らし、ごちゃごちゃと物があふれ、足の踏み場もない。ゴミ溜めのように散らかしたまま、盗んだカップラーメンに買ってきたコロッケを入れて食べる。

彼らの生活空間は互いに重なり合い交差する。どこかに行こうとしたり、何かを取ろうとすると誰かを跨《また》いだり触ったりしなければならない。

こういう狭い部屋は是枝監督の『海よりもまだ深く』(16年)などにも登場する。それは東京都清瀬《きよせ》市の団地で育った彼自身の原風景だというが、『万引き家族』では「つばが飛んでるじゃん」という台詞があるような濃密な関係を作り出す。

初枝と亜紀はひとつの布団に抱き合って眠り、素足を絡《から》める。初枝は入れ歯のない口でお汁《しる》粉《こ》の餅を嚙みちぎって、亜紀に分ける。亜紀はそれを躊躇《ちゅうちょ》せずに喜んで食べる。また、鍋の具を口でふーふー吹いて冷ましてゆりに食べさせる。ゆりと信代は風呂に入って、お互いの虐待された傷跡を見せ合い、頰をぴったりくっつける。信代の裸の背中にそうめんの薬味のネギが張り付いているのを見た治は背中に直接口をつけてネギを食べる。信代と祥太はラムネを飲んで一緒にゲップする。

血の代わりに互いの唾液や汗やぬくもりを分かち合う。

万引き家族の家計

柴田家の家計を概算してみよう。

彼らはみんな非正規労働者である。

「父」治は派遣労働者としてマンションの建築現場で働いている。非正規の建設作業員の時給は全国平均で1000円前後だが、月〜金で8時間仕事があれば、月収16万円になるが、日雇いなので毎日必ず仕事があるとは限らない。

「母」信代はクリーニング工場で働いている。長年勤務しているので時給は最低賃金よりは少し上だという。やはり1000円くらいとして月収16万円。でも、ワークシェアリングということで、出勤時間を削られている。

「母の妹」亜紀は「JK見学」で働いている。女子高生の生活をマジック・ミラーで覗く風俗で、客との接触がないぶん、他の風俗よりも時給は安く、1500円ぐらいだという。やはりフルタイムで仕事があるわけもなく、不安定だ。

「祖母」初枝は年金を受給しているが、専業主婦だったらしく、受取額は月6万円のみ。

柴田家は、初枝の家で暮らしており、家賃はかからない。日本の家族4人の生活費（家賃除く）は、平均で33万円と言われる。つまり、彼らの稼ぎだけでは、一家6人は平均的な生活ができない。

生活保護も申請できない。住民登録していないからだ。

さらに、治は工事現場の事故で足首の骨にひびが入り、働きに行けない。あてにした労災も出なかった。信代は人員削減でクリーニング工場をクビになってしまう。

追いつめられた小さな小さな魚たちは生き延びるため、盗んだ。

美しい瞬間

信代は洗濯物のポケットに残っていたネクタイピンなどを、初枝はパチンコ屋で隣の客のドル箱（出玉《でだま》箱）を盗み、治は食料品や釣《つ》り竿《ざお》を万引きする。祥太やゆりに手伝わせて。

これは15年8月に報じられた実際の事件をモデルにしている。大阪府の釣具店で、9歳から14歳の子ども3人に命じて釣具を万引きさせた父親と母親が逮捕された事件だ。

彼らは金目当てで子どもたちを使ったと報じられたが、本当にそうだろうか？

柴田家が盗むのは金のためとは思えない。彼らはけっして高級品を盗まず、盗品を換金する描写もない。自分たちを無視して進む巨大な経済活動の隅っこでほんの少しつまみ食いしている程度だ。

それに血でつながらない彼らにとって盗みは絆《きずな》だ。治は「教えてやれることが他に何もないから」、祥太に万引きを教えたという。ゆりに警報装置の電源を抜く係をさせたのも家族の一員にするためだった。祥太もゆりを妹として受け入れるために駄菓子屋《だがしや》の盗みを手伝わせる。信代はタイピンを盗んでも金に換えるわけでもなく、祥太にあげる。治も盗んだ釣り竿を金に換えずに最後まで大事に持っている。

実は大阪で釣具を盗んだ一家も、釣り竿を換金しなかった。彼らの家から押収された盗品のなかに釣り竿があった。彼ら親子は釣りが好きだった。金のために盗んだのではなかった。それを知る者は少ないが、それを知った是枝監督は「悲しいが美しい」と思ったという。

それ以前から是枝監督の映画には家族が一緒に釣りをする描写が何度かある。それはいろいろ問題があったという監督自身の家族との思い出なのかもしれない。

「壊れて傷《いた》んでも、その中にはしばしば美しい瞬間がある。私はそれをすくい上げたかった」[*2]

是枝監督は言う。でも、今は、盗んだ釣り竿を美しいということを許さない人たちが世の中には増えてきた。

呼んでみて

ゆりの両親は捜索願いを出さなかったが、ゆり（本名じゅり）が行方不明なのが発覚し、マスコミから「娘を殺したのでは？」と疑われる。

じゅりは自宅の前でひとりで遊んでいるのを近所の人に目撃されている。あの寒い夜に、寝間着一枚の子を見ても、誰も助けなかった。治以外は。

じゅりは柴田家にいたいと言う。

「選ばれたのかな、私たち」

「選べないからね、親は」

「自分で選んだほうが強いんじゃない」

じゅりは親につけられた名前を捨て、自分で選んだ名前「りん」として柴田家の娘になる。

治は祥太に、自分は祥太の何か？　と問いかける。「お・と・う・さ・ん」と口をパクパク動かして「一回呼んでみ」と頼むが「いつかね」とかわされる。

実は祥太とは治の本名である。治はおそらく父に愛されなかった。そこで祥太と名付けた子を父として愛して、愛されようとしたらしい。

信代も、商店街で肉屋に「お母さん、どう？　コロッケ」と声をかけられてうれしそうだ。

でも、祥太もりんもまだそう呼んでくれない。

もうひとつの柴田家

初枝は別の「柴田家」を訪ねる。庭付きで2階建ての立派な一軒家だ。内装を見ても、すっきりとセンスよく高級で、もうひとつの柴田家の猥雑《わいざつ》さと正反対。その格差はまるで『パラサイト　半地下の家族』のキム家とパク家のようだ。

裕福な方の柴田家の主人、譲（緒形直人）は初枝に「母のことは申し訳ないと思ってます」と言って3万円包む。

譲は初枝の夫の後妻の息子で、彼の長女が亜紀だった。つまり夫との間の子どもがなかった初枝は、夫を盗んだ女の息子から娘を盗《と》ったのだ。おそらく復讐として。

ただ、譲は亜紀は留学中だと嘘をつく。亜紀には、さやかという妹がいて、親にわがままを言っている。事情はわからないが、亜紀よりもさやかのほうが親に愛されているらしい。亜紀もりんと同じく、産みの親から捨てられていたのだ。

亜紀は貧乏なほうの柴田家で幸せそうだ。彼女はりんと同じく、そちらを選んだ。

ありがとう

夏、隅田川《すみだがわ》の花火大会。だが、ビルの谷間の柴田家からは見えない。彼らは音だけを聞いて、空を見上げる。その姿は海の底から水面を見上げるスイミーたちのようだ。

「お魚みたい」

千葉の海水浴場に向かう電車の中から、雲を指差してりんが言う。

砂浜ではしゃぐ治と子どもたちを見て「こんなの長続きしやしないよ」と初枝が言う。

「血がつながってないほうがいいってこともあるじゃん」信代が反論する。自分に言い聞かせるように。

信代と亜紀も加わって柴田家みんなで手をつないで波と戯《たわむ》れる。傷つけられて世の中の底辺

「一家」は水底から見上げるように花火の音を聞く。

に逃げてきた弱く小さな者たちが集まってようやくつかんだ小さな幸福。

彼らを見る初枝の口が動いている。

是枝監督によると、海水浴のシーンは最も最初に撮影されたという。そして、樹木希林の口の動きはシナリオにない、アドリブだったという。*3

「カメラの向こうで、砂浜に座った初枝役の希林さんが何か言っている。あとでフィルムを見たら『ありがとう』って言ってたんです」

その声にならないつぶやきから全体のドラマを書き直していったという。*3

家族を持つことをあきらめて生きてきた初枝は、人生の終わりに、こうして娘も息子も孫も持てた。その幸福を感謝して、初枝はこの世を去る。

年金泥棒

初枝は死んだが、葬儀など出せない。治も信代も初枝の血縁ではないのだから。しかたなく、治たちは初枝の遺体を床下に埋める。

「また、こんなことするとはな」

実は信代はかつて、夫の暴力から自分を守ろうとして夫を殺してしまい、彼女が水商売で働いていた店の常連客だった治に死体の隠蔽《いんぺい》を頼んだ。信代もまた夫から「盗まれた」妻だった。

初枝の死を隠した信代たちは、初枝の年金を受け取り続ける。これも事実に基づいている。

2010年、東京足立区の民家で、戸籍上111歳となる男性の遺体が見つかった。彼は04年に妻に先立たれたが、届けを出さず、妻の年金を不正に受給し続けた。その後、彼自身も亡くなったが、彼の娘と孫娘はやはり届けを出さず、年金を受け取り続け、発覚して逮捕された。

似たような事件は他にもいくつかあり、そのたびにテレビのワイドショーやSNSは「年金泥棒」「親の死を利用するなんて」という怒りの声であふれた。

しかし……、故人たちは死後も自分の年金が子どもたちを助け続けることを望まなかっただろうか。子どもたちは親を亡くした後もそのそばで暮らし続けたいと願わなかっただろうか。

その心は誰も知らない。

「こんな幸せは長続きしない」と言う初枝。だが、彼女は浜辺で遊ぶ「家族」を見てつぶやく。「ありがとう」。

脱皮

「こんなの長続きしやしないよ」という初枝の言葉は正しかった。祥太は目覚めていく。

もともと祥太は、重なり合い触れ合って暮らす家族のなかでひとりだけ押し入れに入り、距離を置いていた。押し入れを好む息子は是枝監督の『海よりもまだ深く』にも登場する。監督自身がそういう子だったという。

祥太はラムネ瓶から取り出したビー玉に懐中電灯をあてる。

「海が見える」

ビー玉に閉じ込められた気泡が海の底を思わせる。だが、祥太はそこから水面を目指して浮上しようとする。

きっかけは万引きだった。祥太は父と同じように、妹と万引きをする。だが、駄菓子屋の主人（柄本明《えもとあきら》）に呼び止められた。彼はチューブ入りの氷菓子をくれてこう言った。

「妹にはやらせんな」

その後、駄菓子屋は主人の死で閉店するが、店に張られた「忌中《きちゅう》」の意味がわからない祥太は、自分の万引きのせいで店が潰れたと思い、罪悪感に苛《さいな》まれる。

セミの脱皮が祥太の成長に重ねられる。

そして、スーパーで無茶な万引きを始めたりんから店員の注意をそらすため、祥太はオレンジを抱えて逃げて、高所から飛び降りて大怪我をして、補導される。

なんだろうね……

柴田家に警察が入り、初枝の遺体が発見される。治には死体遺棄の前科があるので、信代がすべての罪をかぶる。取り調べで女性警察官宮部《みやべ》（池脇千鶴《いけわきちづる》）がひたすら正論で信代を追い詰める。

「子どもには母親が必要なんですよ」

「母親がそう思いたいだけでしょ？」。信代が反論する。「産んだらみんな母親になるの？」。

りんは実の両親のもとに返される。見ると、若い美男美女である。でも、彼らはりんを求めなかった。

「正論」で女性警察官は信代を追い詰める。そのとき、なぜ信代は涙をこぼしたのか……。

「産めなきゃ母親になれないでしょ？　あなたが産めなくてつらいのはわかるけどね、うらやましいの？　だから誘拐したの？」

是枝監督はこのシーンの撮影で信代役の安藤サクラにシナリオを読ませず、宮部を演じる池脇の質問にその場でアドリブで答えさせたという。

宮部の言葉は正論ばかりだ。その正論が警察発表になり、マスコミの報道になり、ワイドショーのコメントになり、SNSへの投稿になる。その正論の網からこぼれてしまうものを是枝監督は拾おうとしてきた。映像を撮り始めてからずっと。

「子どもふたりは、あなたのこと、なん

て呼んでました？　ママ？　お母さん？」

信代の目から涙があふれる。

「……なんだろうね……」

この後、信代は面会に来た祥太に彼の両親を捜す手がかりを教える。

「あたし、楽しかったからさ」

寂しげな、だがふっきれたような笑顔で言う。

「こんなん（懲役）じゃ、おつりがくるくらいだよ」

誰かが

スイミーたちはバラバラになった。

祥太は似たような境遇の子たちの施設で暮らし始め、許可を取って、治に会いに来た。

ふたりは祥太が盗んだ釣り竿で釣りをするが、祥太が話す釣りの知識は、彼を取調べた警察官前園《まえぞの》（高良健吾《こうらけんご》）がくれた本から得たものだ。祥太は今、大人になれない治を追い越して、違う父親像を追い始めている。

祥太は治のアパートで、1年前にりんを拾った夜のように、コロッケとカップラーメンを食べる。気がつくと外には雪が積もっている。

「雪だるま作ろうよ」

父と子として最後の共同作業。だが、その雪だるまは明日には溶けて消えてしまう。

「僕を置いて逃げようとしたの？」

それは祥太の証言を引き出そうとして女性警察官が言ったことだが、事実でもある。

「……（逃げようと）した」

自分を軽蔑することで祥太が自分を吹っ切れるという思いでか、治は認める。

その思いは祥太も同じなのか、別《わか》れ際《ぎわ》に彼は治に言う。

「僕はわざと捕まったんだ」

それは嘘だが、それで治が自分を恨んでくれればいいと思ったのだろう。

ふたりは互いを思いやって、突き放そうとする。

しかし、祥太がバスに乗ると、治はこらえきれずに走り出してバスを追う。

「祥太！」

その叫びは車内にも届くが、祥太はうつむいて、治を振り返る誘惑に耐え続ける。が、治がはるか後方に消えた頃、とうとう振り向いてしまう。祥太の唇が動く。

「お・と・う・さ・ん」

りんは再び母親に虐待されていた。廊下に出されたりんは、祥太がくれたビー玉で遊んでいる。そして、外を見る。あの夜のように自分を救いに来るのを待って。
誰かが。

＊1 「クリエーターズステーション」（18年5月23日、www.creators-station.jp）「インタビュー／あの人に会いたい Vol.151」
＊2 「エンタメコリア」（18年5月18日、ekr.chosunonline.com）「『万引き家族』是枝監督、壊れた家族にこだわる理由とは」
＊3 「The New York Times Style Magazine: Japan」（19年3月20日、www.tjapan.jp）「見えざる人々を見る。映画監督是枝裕和インタビュー」

#13『天気の子』
──愛にできるものはまだあるよ

2019年　日本作品
監督：新海誠
主演：醍醐虎汰朗
森七菜

新海誠《しんかいまこと》監督の『君の名は。』（2016年）は、日本の和歌の宇宙観を表現したアニメーション映画だった。見上げた大空が愛する人への思いにつながっていく感覚、それは古来、日本の和歌に描かれていたものだ。

「空や雲を見るのが大好きな子どもでした」という新海監督は「ウェザーニュース」という気象専門サイトのインタビューでこう語っている。

「気象は、はるか遠い空の上で起きている、人間の手が届かないほど大きな地球規模の循環現象であるにもかかわらず、その日の自分の気分を左右させる個人的な出来事でもあると思うんです。コントロールできないほど大きな存在なのに、個人の気持ちの奥でつながっている」

（「ウェザーニュース」2019年7月25日）

和歌や俳句における自然情景の描写がそうであるように、新海誠作品の青空や雲や緑の美しさは、ただの背景ではなく、ひとつのキャラクターだ。

続く『天気の子』（19年）は、まさに空そのものがテーマだった。天気という巨大なスケールの自然現象が少年と少女の恋によって動かされるのだ。

雨のディストピア

『天気の子』は、新海誠監督の作品の最大の魅力だった青空をほとんど封じて、雨か曇天《どんてん》ばかりにすることで、逆に空の美しさ、雲の美しさ、晴天の美しさを強調している。

雨の描写も素晴らしい。アニメーションの最大の魅力は、あたりまえすぎて人々が見過ごしているものをアニメとして意図的に描くことによって、その美しさに気づかせる効果があるが、『天気の子』では、たとえば、窓についた雨のしずくひとつひとつの中に映る逆さまの小さな風景までも描き尽くす。

さらに、その美しい自然描写と対置されるのが、猥雑な東京の描写。ここまでリアルに東京を描き尽くしたアニメがかつてあっただろうか。歌舞伎町の漫喫の看板、風俗の看板、ラブホの看板、パチンコ屋の看板、ファミレスの看板……。すさまじい数の店名、企業名、商品名、そのほとんどが実名だ。マクドナルド、「♪バニラ、バーニラ」の宣伝カー、「日清《にっしん》のどん兵衛《べえ》」、そういった商品名、登録商標、看板に画面全体が埋め尽くされる。

実写なら、何も意図せずに新宿や渋谷を撮影すればこうなる。でも、『天気の子』はアニメ

新海誠監督が歌舞伎町のリアルな描写にこだわったのには確たる「理由」があった。

だから、すべて意識して意図的に描かれている。これは単なるタイアップ（プロダクツ・プレイスメント）ではない。

　そんなネオンだらけの新宿に雨が降り続いている。やまない雨が。『ブレードランナー』（82年）を思い出さずにはいられない。公開当時からは近未来になる２０１９年のロサンゼルスを舞台に、大気汚染のために酸性の雨が降り続けるなか、コカ・コーラ、ＴＤＫ、パンアメリカン（91年に経営破綻した航空会社）などの実在の企業名が画面を埋め尽くす風景。

　それはディストピア、絶望的な未来だった。

人身御供

　ここ数年、地球温暖化が人々の生活を脅《おびや》かし続けている。年々、夏の猛暑は過酷になり、死者は増えるばかり。局所的な豪雨による被害も拡大している。

「ちょうど前作『君の名は。』が上映された2016年の暑かった夏あたりから、『これからは、天気は楽しむだけのものではなくなってしまうだろう』と、不安や怖さを実感した」

新海監督は言う。

「そんな世界をつくってしまった僕たち大人には間違いなく責任の一端がある」

『天気の子』は、そんな世界に放り出された少年と少女の物語だ。

高校1年生の帆高《ほだか》（醍醐虎汰朗《だいごこたろう》）は神津島《こうづしま》から家出して東京に出てくる。どこにも行く場所がないホームレスで、世間の人はみな冷たい。寝る場所もなく、やまない雨が降り続く新宿をさまよう帆高。そんな彼が、少女・陽菜《ひな》（森七菜《もりなな》）と出会う。陽菜は母子家庭で母を病気で亡くし、小学生の弟とふたり暮らし。中学3年なのに大学生だと年齢を偽《いつわ》ってマクドナルドで働いていた。

陽菜は廃ビルの屋上にあった鳥居をくぐったことで、「晴れ女」になる。彼女が祈ると永遠に続くかに思えた雨が上がり、雲が去り、太陽の光が差し込むのだ。

陽菜と帆高は、わずかなお金で晴れを祈るバイトを始めるが、晴れにするたびに陽菜の体は少しずつ透明になっていった。実は陽菜は天気の神への生贄《いけにえ》に捧げられる人身御供《ひとみごくう》だったのだ……。

グレタ、天気の子

『天気の子』公開から2ヵ月後の19年9月23日、国連の気候変動サミットでスウェーデンの少女グレタ・トゥーンベリさん（当時16歳）が、子どもたちに地球温暖化の犠牲を強いる大人たちの責任を問うた。

「あなた方は、その空虚なことばで私の子ども時代の夢を奪いました」

「30年以上にわたり、（地球温暖化について）科学が示す事実は極めて明確でした。なのに、あなた方は、事実から目を背け続けました」

地球温暖化は、20世紀以降、急激に発展した石油化学産業、化石燃料が排出する二酸化炭素による温室効果が原因であることは、30年以上前から科学者によって指摘されていた。しかし、現在の産業の根幹である化石燃料からの脱却ができないまま、地球の気温は上昇した。現在、夏は毎年記録破りの猛暑で死者が増加し、冬は極渦《きょくうず》（北極の上空に出来る、大規模な空気の渦のこと）の南下で極地の寒波が南に吹き込み、春や秋は極端に短くなり、ハリケーンは大きくなり、豪雨は破壊力を増し、雪量も増えて家を押しつぶし、極地の氷は溶け、海岸沿いの街は少しずつ水没している。

「今後10年間で（温室効果ガスの）排出量を半分にしようという考え方があります。しかし、それによって世界の気温上昇を1・5度以内に抑えられる可能性は50％しかありません」

「この数字は、私たちの世代が、何千億トンもの二酸化炭素を吸収することをあてにしています。今はまだ存在しないテクノロジーによって」

地球温暖化をもたらした世代はあと30年ほどで寿命が尽きる。水没していく世界と、その解決法という難題を子どもたちに残して。

眉間《みけん》に皺《しわ》を寄せて大人たちを「許さない！」と叱責《しっせき》するグレタさんは怒れる天気の子だ。

人生で一番おいしい夕食

グレタさんのような怒りは『天気の子』の帆高や陽菜には感じられない。彼らはいつも微笑んでいる。彼らは自分の怒りや悲しみ、孤独、貧しさに気づいてさえいないようだ。

帆高は3日連続でビッグマックで飢えをしのいだが、その金ももうない。そんな彼にマクドナルドの店員、陽菜がビッグマックをおごる。

「ぼくの16年の人生であれが一番おいしい夕食だった」

16年間、どれだけわびしい夕食を食べてきたのか。

帆高たちはその後も陽菜の家でチキンラーメンのサラダや、のり塩ポテチをかけたチャーハンの〝手料理〟や、ラブホテルでカップラーメンやからあげクンを本当に心からおいしそうに食べる。ニコニコと。それ以上のごちそうなど最初から知らないように。

『天気の子』を日本で観た頃、筆者は下北沢で、アメリカのコメディアン、アジス・アンサリのトークライブを観に行った。

「日本でいちばんおいしい店を知ってるかい？」

アンサリは客席に問いかけた。

「コ・ン・ビ・ニさ」

外国人ばかりの観客はうんうんとうなずいていた。

貧しい豊かさ

今の日本では数百円あれば、コンビニやファストフードでアメリカやヨーロッパの高級レストランよりもおいしいものが食べられてしまう。酒場になんか行かなくても200円のストングゼロを買えば、充分酔っ払って浮世《うきよ》を忘れられる。100円ショップでたいていのものは手に入る。何でも買える。困らない。

陽菜の部屋はキレイに整頓《せいとん》されてはいるが、狭い部屋に細々《こまごま》といろんなモノがあふれている。このリアリズム。『万引き家族』（#12）や『パラサイト　半地下の家族』（#1）でも描かれていたが、貧困層の家庭ほどごちゃごちゃとモノにあふれている。『万引き家族』でも『パラサイト』でも、富裕層の家はスッキリとモノが少なく、広々とした空間がある。『天気の子』でも一瞬、タワーマンションに住む母と幼い息子の描写がある。広々としてモノがない。

モノや情報やノイズやちょっとした食べ物に囲まれていれば寂しくない。24時間営業のコンビニ、100円ショップ、歌舞伎町のネオンサイン、バニラバニーラ、携帯、ネット……、たいていのものは安く簡単に手に入る。『天気の子』の壮絶な量の看板、ネオン、社名、商品名は、そんな安っぽいものなら何でもある日本の現状を示している。

でも、そこには大事なものがない。

未来だ。

メルトダウン

かつて日本人は貧しかった。筆者が育った昭和40年代、庶民の食卓は、メザシに納豆、お新香、そんなものだった。スマホもコンビニも100円ショップもなかった。モノの値段は高く、簡単に手に入らなかった。

でも、普通に働いていれば給料は上がり続け、貯金は増え続けた。将来はいい学校に行っていい仕事に就《つ》いて、結婚して、子どもを作って、マイホームを買って、マイカーを買って、年取ったら海外旅行に行って……それを普通に夢見て、若い人は信じられないかもしれないが、その夢はかなりの率で実現した。

日本のGDPは97年をピークに減少を続け、その後も減少し続けている。国民の平均給与年収は97年に467万3000円だったのが、20年後の17年は432万2000円と30万円以上も下がっている。勤続年数とともに年収が上がることを前提にした90年代までの生活設計はむずかしくなる。生涯未婚（50歳で婚歴なし）の率は、85年には男女ともに4％前後だったのが、急上昇し、15年には男性24・5％、女性14・9％に到達する（国立社会保障・人口問題研究所）。それにともない出生率も1・36まで減少した。

少子化の大きな原因になっているのは非正規雇用の増加で、総務省統計によれば、85年に非正規雇用は雇用者全体の15％にすぎなかったのが、20年には40％を占めるに至った。非正規は何年働こうと給料も地位も上がらない（非正規雇用者の年収は250万円以下に集中している）。だから、勤続年数とともに年収が上がる正規雇用者との間で所得格差が広がっていく。非正規雇用者の未婚率は64％で、それが労働人口の4割を占める。

子どもがいる世帯も貧しい。厚生労働省発表の19年国民生活基礎調査によると、中間的な所得の半分に満たない家庭で暮らす18歳未満の割合「子どもの貧困率」は、18年時点で13・5％。子どもの7人にひとりが貧困状態にある。

地球温暖化で溶けていく極地の氷山のように日本社会はメルトダウンし続け、若者たちの足元が沈んでいく。

心の銃

気象的にも経済的にも未来が見えない社会。空を見上げても、見えるのは暗雲だけ。大人が作ったそんな時代に生まれ、それしか知らない帆高と陽菜は屈託《くったく》なく笑って明るく生きている。でも、陽菜の自分では気づかない悲しみを映すかのように雨は降り続き、自分では気づかない怒りを形にしたような拳銃を帆高は拾う。

その拳銃は、『ジョーカー』（#2）で、何をされても微笑み続けるアーサーが胸に抱いた拳銃と似ている。

いや、拳銃を拾う前から帆高は実は怒っていた。

帆高がビッグマックを「それまでの人生で一番おいしい夕食」と言ったのは、おそらく帆高はその年まで、両親や家族と楽しい夕餉《ゆうげ》を経験したことがないからだろう。家出の原因もそれだろう。『天気の子』には帆高の親は顔も声も出てこない。陽菜も母を失った後、大人を頼らずに弟とふたりだけで生きようとしている。『天気の子』たちは大人と断絶している。

ライ麦畑のキャッチャー

帆高はJ・D・サリンジャーの『ライ麦畑でつかまえて』（51年）を持ち歩いている。大人の世界を憎む少年ホールデンの物語だ。

ホールデンは高校を退学になり、家出して大都会ニューヨークに行く。おそらく帆高はホールデンに影響されて、家出して東京に行ったのだろう。

ホールデンは激しく大人たちを憎んでいる。どいつもこいつも「インチキ」だと罵る。俗っぽく、金目当てで、汚れた大人たちが大嫌いだ。そんな大人になってしまう自分が嫌だ。純粋《イノセンス》で無垢な子どもたちだけがホールデンの心を救う。ホールデンはFUCKという言葉を嫌悪する。修道尼に癒やされ、娼婦にがっかりする。イノセンスを穢《けが》すものを許せない。

そして、ライ麦畑のつかまえ人《キャッチャー》になりたいと願う。ライ麦畑で遊ぶ子どもたちが崖から落ちないよう、キャッチしてやりたいのだと。インチキな大人に堕落してしまわないように。

帆高がさまよう新宿は欲望に満ちている。バニラバーニラと誘惑する。そこで生活のためにスカウトマンについて行き、イノセンスを失おうとする陽菜を帆高は救い出す。ライ麦畑ならぬ歌舞伎町のキャッチャーだ。

ラブホテルに逃げ込んだ穂高と陽菜と弟の凪《なぎ》はイノセントにはしゃぐ。穂高は祈る。「僕たちに何も足さないで、何も引かないで」。このままイノセントなままでいさせて、と。

あらかじめ奪われた子どもたち

『天気の子』は、宮崎駿《みやざきはやお》の『千《せん》と千尋《ちひろ》の神隠《かみかく》し』（01年）に通じている。『千と千尋の神隠し』の主人公の少女・千尋は、神へのお供え物を食べ散らかして豚になってしまった両親の罪を贖《あがな》うため、湯屋《ゆや》で働かされる。千尋の親はバブル世代、飽食と贅沢のバブル世代の後、日本は経済的な停滞に突入し、若い世代は生きるために仕事を選《よ》りごのみできなかった。湯屋、つまり性風俗ですら。

『天気の子』では、大人たちの欲望の街に、大人たちの欲望の果ての地球温暖化が雨を降らせる。陽菜はその犠牲として身をすり減らし、号泣するように凄まじい豪雨をもたらす。ついには天空に消えてしまった陽菜を取り返すため、帆高は拾った拳銃を発射する。

何も持たずに生まれ落ちた僕
永遠《とわ》の隙間でのたうち回ってる
諦めたものと賢いものだけが
勝者の時代に何処《どこ》で息を吸う

持たざる子どもたちの静かな怒りを秘めた主題歌が流れる。

帆高は青空よりも陽菜を迷わず選ぶ。

このRADWIMPSの主題歌「愛にできることはまだあるかい」（作詞作曲・野田洋次郎、19年）はシナリオ作成前に書かれ、新海誠監督はこの歌詞に向かって物語を作っていったという。

反省しない

陽菜は、雨雲を完全に消し去る代わりに、かなとこ雲（積乱雲）の上に召されてしまう。帆高はそれを追って、例の鳥居をくぐって天に昇る。亡くなった妻イザナミを追って黄泉《よみ》の国に降りていったイザナギのように。

帆高は迷いもなく、雲の上から陽菜を地上に連れ帰ろうとする。そうしたら雨がまた降り続くのに。だが、帆高は叫ぶ。

「もう二度と晴れなくたっていい！　青空よりも俺は陽菜がいい！　天気なんか狂ったままでいいんだ！」

帆高は世界よりも目の前の愛する人を選んだ。

この選択は、前作『君の名は。』への批判に対する新海誠監督の答えだという。

『君の名は。』では彗星《すいせい》墜落で多くの人々の命が失われるが、その未来を知った主人公が歴史に介入して犠牲者を出さないようにする。それが「恋愛のために災害を利用する物語だ」等と批難された。

「『君の名は。』は災害をなかったことにする映画だという意見をいただいた。僕は災害が起きるであろう未来を変えようとする映画、あなたが生きていたら良かったのにという強い願いを形にした映画を作ったつもりだった。でも代償なしに死者を蘇らせる映画だとも言われて……」

（サンケイスポーツ　19年7月20日）

しかし、新海監督は反省しなかった。

「彼らが怒らない映画を作るべきか否《いな》かを考えたとき、僕は、あの人たちをもっと怒らせる映画を作りたいなと」（同）

帆高が陽菜を天から取り戻したことで雨は3年降り続き、東京の東側、江戸川区のあたりは水没してしまう。

大事なもの

恋愛を成就《じょうじゅ》するために東京を水没させるなんて、そこに住んでる人の身にもなってみろ——そんな「世間」の声が聞こえてくる。

世間こそ『天気の子』の敵だ。新海監督はインタビュー（KADOKAWA『新海誠監督作品 天気の子 公式ビジュアルガイド』19年、94ページ）ではっきりこう言っている。

「帆高君が対峙《たいじ》することになる『社会』というのは、観客である僕たち自身なんじゃないか」

帆高の雇い主の中年男、須賀圭介《すがけいすけ》は言う。「人間、年を取ると大事なものの順番を入れ替えられなくなる」。では、何がいちばん大事なのか？ 世間なのか、それとも愛するその人なのか。

かつて日本人は、目の前の自分が愛する人よりも、世間のほうを大事にしたことがあった。お国のために愛する息子や夫を戦場に送り出した。

帆高に対して「大人になれ」と言う人もいるだろう。でも、「大人になれ」と言った大人たちが作ったのが今の世界だ。毎年、すごい暑さや山火事や豪雨や洪水で人が大量に死んで、極地の氷が溶けて沈みゆく世界だ。これが経済や国家を優先させた大人の世界の結果だ。

だから、たったひとつの間違いなく大事なことは、自分の愛する目の前の人を命を懸けて戦って守ることだけではないか。君の愛する人と世界が戦うなら、世界全部を敵に回してもいい。

世界のほうが絶対に正しいなんて誰が言える？

　世界が背中を　向けてもなお
　立ち向かう君が　今ここにいる

　　愛にできることはまだあるよ

　エンディングでもういちど流れる「愛にできることはまだあるかい」を聴けば聴くほど、静かな怒りが湧《わ》き上がってくる。

　　諦めた者と　賢い者だけが　勝者の時代に何処で息を吸う

　消費税が上げられる。生活が苦しくなるのに誰も戦わない。コロナでこれだけの死者が出ても政府は税金を使って全国の病院からベッドを削減する。でも誰も戦わない。どうせ勝てないさと諦めたほうが賢いとされ、それで勝ったつもりの時代。本当は踏みにじられているのに。
　でも、それに気づいてもがく人間に居場所はない。

「天気の子」はオリンピック後の東京、と設定されている。

勇気や希望や　絆《きずな》とかの魔法
使い道もなく　オトナは眼を背《そむ》ける

東北大震災の時、政府が率先して「絆」という言葉を喧伝《けんでん》した。そして、「復興五輪」の名のもとに誘致された東京オリンピック。だが、開催が近づくにつれて政府は「復興五輪」と言わなくなった。資材も人材もすべてオリンピックに取られてしまって、復興はどんどん遅れている。数千億円が東北ではなくオリンピック関連企業に流れていく。「絆」とは何だったのか。

なぜこの手をすり抜ける
ものばかり与えたか

今の世の中、モノにあふれている。安く何でも手に入る。でも、何ひとつ大事なものはない。手にしたそばからクズになっていくものばかり。

愛の歌も　歌われ尽くした　数多《あまた》の映画で　語られつくした
そんな荒野に　生まれ落ちた僕、君

今の日本映画は高校生の恋愛映画ばかりになってしまった。愛だの絆だの大安売りの世の中だけど、足元の地面は無情の荒野だ。

それでも

『天気の子』は断言する。

愛にできることはまだあるよ

はじまり

「僕たちは世界を変えてしまった」

帆高は言う。しかし、東京は水没していく。彼らは何を変えたのか？　これでハッピーエンドなのか？

その答えは宮崎駿の作品にある。

宮崎駿監督は水没を何度も描いてきた。『未来少年コナン』（78年）でも、『パンダコパンダ　雨ふりサーカスの巻』（73年）でも、『ルパン三世　カリオストロの城』（79年）でも。それは災《わざわ》いではなく、穢れたものを洗い流す浄化と再生の儀式として描かれる。

『崖《がけ》の上のポニョ』（08年）では、人間の男の子、宗介《そうすけ》と、さかなの女の子ポニョとの恋が嵐を呼んで洪水を呼んで、世界を水没させてしまう。人間の文明と大自然が結婚して、両者が共存する新世界が生まれるために。

『天気の子』では、水没した地区はもともと海だったんだ、という。つまり、人間が長い間かけて変えてきたものが元に戻っただけなんだと。これは滅びではなく、はじまりなのだ。

あとがき

先日拝見した映画、青柳拓《あおやぎたく》監督の『東京自転車節』（21年）は、ケン・ローチ監督の『家族を想うとき』のドキュメンタリー版でした。

青柳監督は、映画監督を目指しながら、映画学校の学費550万円を返済するため、実家のある山梨県甲府《こうふ》市で運転代行業をして働いている、全国に2000万人以上いる非正規雇用労働者のひとりです。

20年3月、コロナ拡大によって運転代行の仕事はなくなります。青柳監督は職を求めて自転車で東京に向かい、ウーバーイーツの配達員になります。

青柳監督自ら自転車を漕《こ》ぎながら、スマホとＧｏＰｒｏ《ゴープロ》で働きぶりを記録していきます。彼の明るいパーソナリティや、思わず苦笑いさせられるシーンの連続で、『東京自転車節』はチャップリンの伝統を受け継ぐ労働コメディになっています。だから、クローズアップで見れば悲劇です。

ウーバーイーツの配達は雇用ではなく、個人事業主としての契約です。バッグ（約５０００円）も自転車も自己負担。自転車がパンクや故障しても自己負担。事故や盗難にあっても自己責任。終戦直後のイタリアを舞台にした『自転車泥棒』と同じです。しかも、コロナで多くの人が仕事を失っているため、少ない注文を多くの配達員がハイエナのように奪い合います。

１回の配達料は平均５５０円。１日10時間働いても平均６０００円前後しか稼げません。東京の最低賃金１０１３円（当時）を割りこんでいます。これでは休みなく働いても月収は18万円前後。東京で平均的なひとり暮らしをするのに必要とされる19万６０００円には届きません。奨学金の借金は利子がついて７００万円になり、返済を催促する電話が彼を追い立てます。

そこで青柳監督は友人の家を転々としたり、ネットカフェに泊まったりして住居費を節約し、食費を削り、12時間も13時間も働いて限界に挑戦します。ベッドに寝たい誘惑に負けて１泊２５００円のＡＰＡ《アパ》ホテルに泊まることもありますが、それでは赤字。ついに彼は道端に敷いた段ボールに寝袋で一晩を過ごし、ホームレスになります。

肉体的にきついだけではありません。ウーバーイーツの配達は孤独です。飲食店から受け取る際と、届ける際の数秒しか他人と話さない日々が続きます。それでも青柳監督は人とのつながりを求めて明るく笑顔で元気に言い続けます。「ありがとうございました！」

その呼びかけに応《こた》える人はあまりいません。誰も配達員に興味を示しません。ドアを開けない「置き配」も多く、互いに顔も見ません。

さらに来る日も来る日も激しい雨が降り注ぎ、青柳監督を打ちのめします。『パラサイト半地下の家族』や『天気の子』のように。

疲れ果てた彼は公園のベンチに座り込み、自分の腕の血を吸う蚊に話しかけます。お前も必死なんだな、いいよ、思う存分吸いな、と。でも、非正規労働者たちの血を本当に吸っているのは誰なのか。

別の日に、公園で休んでいる彼に近所のおばあちゃんが話しかけます。周囲の高層ビルを見回しながら、敗戦の後、ここは焼け野原で、誰もがみんな貧乏だった、と。

戦後30年間、日本人は力を合わせて働きました。最高税率は75%だったので、富は集中せず、公共事業や福祉、教育で国民に再配分されました。雇用は法律で守られ、給料は毎年上がり、国民全体の底が上がって「一億総中流」と呼ばれました。

でも、それから40年あまり経った今、豊かな者の年収はビルのようにどんどん高さを増していきますが、その足元には切り捨てられた焼け野原が拡がっています。

自然にそうなったわけではありません。富裕層の税率を下げ、大企業の利益を上げるために非正規労働を増やし、賃金を抑え、簡単に解雇できる社会にする政策を政府が採《と》ってきたからです。

だから『東京自転車節』で最後に彼は国会に向かっていきます。国民に「自助」を強いて、福祉に頼る人を「さもしい」と蔑《さげす》み、消費税を貧困層からも搾《しぼ》り取《と》り、給付を渋り、雇用規制を緩和し続ける政治家たちのいる場所に。

彼は『パラサイト』のギデクであり、『ジョーカー』のアーサーであり、『アス』のテザーズであり、『バーニング』のジョンスであり、『ザ・ホワイトタイガー』のバルラムであり、ロゼッタであり、ダニエル・ブレイクであり、帆高《ほだか》なのです。

今回も根気強く原稿を待ってくれた担当の佐藤眞さんに感謝します。

2021年9月

町山智浩

コピーライト一覧（本文内で引用した映画について）

◆『プラットフォーム』©2019 Basque Films
◆『白色人』©1994 Korean Academy of Film Arts, Bong Joon-ho
◆『支離滅裂』©1994 Korean Academy of Film Arts, Bong Joon-ho
◆『パラサイト』© 2019 CJ ENM Corporation, Barunson E&A.
◆『インフルエンザ』©Bong Joon Ho
◆『ジョーカー』©Warner Bros. Entertainment Inc., Village Roadshow Films (BVI) Limited and BRON Creative USA, Corp.
◆『ノマドランド』©2020 20th Century Fox
◆『兄が教えてくれた歌』Songs My Brothers Taught Me ©2015 Film Independent
◆『ザ・ライダー』©2017 The Rider Movie, LLC
◆『アス』©2019 Universal Studios All Rights Reserved.
◆『ザ・スクエア 思いやりの領域』©2017 Platform Produktion AB, Société Parisienne de Production, Essential Filmproduktion GmbH, Coproduction Office ApS
◆『ギターモンゴロイド』Gitarrmongot ©Hinden/Länna-Ateljéerna
◆『インボランタリー』Involuntary ©2008 Plattform Produktion
◆『プレイ』Play ©2011Coproduction Office
◆『情事』©1960 RTI
◆『太陽はひとりぼっち』©1962 Robert and Raymond Hakim
◆『欲望』©1966 Turner Entertainment Company
◆『バーニング 劇場版』©2018 PinehouseFilm Co., Ltd. All Rights Reserved
◆『ザ・ホワイトタイガー』©2020 Netflix US, LLC
◆『マン・プッシュ・カート』Man Push Cart ©2006 Noruz Films
◆『チョップ・ショップ』Chop Shop ©2007 Muskat Filmed Properties
◆『グッバイ、ソロ』Goodbye Solo ©2008 Lions Gate Films Inc.
◆『チェイス・ザ・ドリーム』©2012 Farm Film LLC.
◆『ドリームホーム 99%を操る男たち』©2014 BGP Releasing LLC
◆『イゴールの約束』©1996 Les Films du Fleuve
◆『ロゼッタ』©1999 Les Films du Fleuve , ARP
◆『イゴールの約束』©1996 Les Films du Fleuve
◆『キャシー・カム・ホーム』Cathy Come Home ©2011 BBC Worldwide Ltd.
◆『わたしは、ダニエル・ブレイク』©2016 Sixteen Tyne Limited, Why Not Productions, Wild Bunch, Les Films du Fleuve, British Broadcasting Corporation, France 2 Cinéma and The British Film Institute
◆『家族を想うとき』©Sixteen SQMWY Limited, Why Not Productions, Wild Bunch, Les Films du Fleuve, British Broadcasting Corporation, British Film Institute
◆『万引き家族』©2018 フジテレビジョン, ギャガ, AOI Pro.
◆『天気の子』©2019「天気の子」製作委員会
◆『東京自転車節』©2021 水口屋フィルム／ノンデライコ

◆写真提供：アマナイメージズ

町山智浩《まちやま　ともひろ》

映画評論家。ジャーナリスト。一九六二年、東京都生まれ。早稲田大学法学部卒業。「宝島」「別冊宝島」などの編集を経て、一九九五年に雑誌「映画秘宝」を創刊。その後、アメリカに移住。現在はカリフォルニア州バークレーに在住。TBSラジオ「たまむすび」、BS朝日「町山智浩のアメリカの今を知るTV In Association With CNN」レギュラー。著書に『「最前線の映画」を読む』『映画には「動機」がある』（インターナショナル新書）などがある。

「最前線の映画」を読む Vol.3

それでも映画《えいが》は「格差《かくさ》」を描《えが》く

二〇二一年一〇月一二日　第一刷発行

インターナショナル新書〇八四

著者　町山智浩《まちやまともひろ》

発行者　岩瀬　朗

発行所　株式会社　集英社インターナショナル
〒一〇一-〇〇六四　東京都千代田区神田猿楽町一-五-一八
電話　〇三-五二一一-二六三〇

発売所　株式会社　集英社
〒一〇一-八〇五〇　東京都千代田区一ツ橋二-五-一〇
電話　〇三-三二三〇-六〇八〇（読者係）
〇三-三二三〇-六三九三（販売部）書店専用

装幀　アルビレオ

印刷所　大日本印刷株式会社

製本所　大日本印刷株式会社

ISBN978-4-7976-8084-3　C0274

定価はカバーに表示してあります。

インターナショナル新書

082

プロが語る胸アツ「神」漫画 1970-2020

きたがわ翔

「あの漫画のルーツはどこにあるのか」「萩尾望都『半神』が神作品の理由」「『鬼滅の刃』大ヒットの秘密」……。「日本一漫画に詳しい漫画家」が、漫画界に革命を起こした作家たちの作品とその表現方法を解説!

083

新書版 性差《ジェンダー》の日本史

国立歴史民俗博物館監修
「性差の日本史」展示プロジェクト編

日本のジェンダー1800年の旅へ——。日本で「男」と「女」という区分はいつ生まれたのか? 社会の中でジェンダーがどのような意味を持ち、どう変化してきたのか? 豊富な資料を通してこれらの問いについて考える。

085

松本隆のことばの力

藤田久美子

作詞家、松本隆に五〇年のキャリアのすべてをインタビュー。多くのアーティストに提供した歌詞の背景から浮かび上がるのは「ことば」のおもしろさと可能性。そこにこめられた思い、時代の風も未来に伝える。

086

公共貨幣入門

山口 薫
山口陽恵

主流派経済学やMMTの誤りを指摘し、現在の「債務貨幣」にかわる新たな貨幣システム「公共貨幣」を提唱。「公共貨幣」を取り戻せば「ゼロ成長」から脱却でき、新しい未来が開けることを論証する。